Wernher von Braun

Dargestellt von Johannes Weyer

W0035853

Rowohlt Taschenbuch Verlag

Umschlagvorderseite: Wernher von Braun, 1955
Umschlagrückseite: Vorbereitung einer A-4-Rakete
zum Abschuß in Peenemünde, 1942
US-Mondlandung mit Apollo 16 im April 1972.
Astronaut Young stellt vor dem Mondauto
die US-Flagge auf

Seite 3: Wernher von Braun, 1971
Seite 7: Wernher von Braun, 1967

Originalausgabe
Veröffentlicht im Rowohlt Taschenbuch Verlag GmbH,
Reinbek bei Hamburg, August 1999
Copyright © 1999 by Rowohlt Taschenbuch Verlag GmbH,
Reinbek bei Hamburg
Alle Rechte an dieser Ausgabe vorbehalten
Umschlaggestaltung Ivar Bläsi
Redaktionsassistenz Karolin Marhencke
Reihentypographie Daniel Sauthoff
Herstellung Gabriele Boekholt
Satz PE *Proforma und* Foundry Sans *PostScript, QuarkXPress 3.32*
Gesamtherstellung Clausen & Bosse, Leck
Printed in Germany
ISBN *3 499 50552 5*

INHALT

Für Adam Weyer (1928–1995)

Herkunft und Anfänge

Die frühen Jahre (1912 – 1930)

Im Alter von siebzehn Jahren verfaßte Wernher von Braun eine Science-fiction-Geschichte mit dem Titel *Lunetta*. Darin schildert er, wie zwei im ewigen Eis gestrandete Polarforscher von einem Raketenflugzeug geborgen werden, das sie an Bord der «Lunetta», einer *von Menschenhand geschaffenen Station im Weltenraum*, bringt. Einer der beiden Geretteten beschreibt, *wie sich das Leben hier unter den neuen physikalischen Umständen so ganz anders abspielte als auf der Erde. Infolge des Fehlens jeglicher Schwerkraft besaß der Raum überhaupt keinen richtigen Fußboden – er hatte vielmehr auf allen Seiten Fenster und war von verschiedenen Streben durchzogen, die [...] den Zweck hatten, den in der Halle befindlichen Menschen Anhaltspunkte für ihre Fortbewegung zu geben.*[1] Der Kommandant der Station zeigt seinen beiden Gästen das Observatorium zur Beobachtung der Erde und erklärt ihnen, *daß von hier aus ein verbreitetes Sicherungssystem auf der Erde dirigiert werde*, welches auch das Scheitern der Polarmission registriert und ihre Rettung veranlaßt habe.

Voller Faszination berichtet der Erzähler weiter: *Wir kamen uns vor diesen Menschen hier oben unsäglich klein und deprimiert vor. [...] Wir wollten es zunächst nicht recht glauben; aber die Anschauung lehrte uns bald, hier oben bei der Lunetta nichts mehr für unmöglich zu halten.*[2] So verfügt Lunetta beispielsweise über einen Spiegel zur Bündelung des Sonnenlichts von 350 Metern Durchmesser, mit dessen Hilfe das Wetter auf der Erde beeinflußt werden kann. Bevor der Kommandant seine Gäste mit dem Raketenflugzeug nach Berlin zurückbringen läßt, weist er sie auf die ethischen Dimensionen der Raumfahrt hin: *Die Führung dieses Spiegels ist mit großer Verantwortung verknüpft, da ein kleiner Fehler unter Umständen einen Waldbrand und noch viel schlimmere Katastrophen herbeiführen kann.*[3]

Anhand dieses Schülerzeitungs-Aufsatzes – eines der wenigen Originaldokumente aus Wernher von Brauns Jugend – kann man ein Bild des jungen Gymnasiasten entwerfen. Auffallend ist zunächst das enorme Wissen in Sachen Raumfahrt, die Phantasie, das Gespür für praktische Anwendungen der damals noch exotischen Technik, vor allem aber die Fähigkeit, technische Projekte plastisch und für Laien verständlich zu schildern. Typisch ist jedoch auch die grenzenlose Faszination für die Raumfahrt und die mangelnde Sensibilität für die Frage nach Sinn und Zweck der neuen Technik. Denn es ist ein aufwendiger Umweg, die Havaristen zunächst zur Raumstation und erst von dort aus in ein Krankenhaus zu befördern. Die Frage, ob ein derartiger Aufwand erforderlich ist, um das angestrebte Ziel zu erreichen, kam Wernher von Braun auch bei späteren Raumfahrtprojekten nicht in den Sinn. Die Entwicklung von Raumfahrttechnik war für ihn nicht Mittel zum Zweck, sondern ein nicht hinterfragter Selbstzweck. Auch das politische Weltbild von Brauns ist in der *Lunetta*-Erzählung in Ansätzen erkennbar; denn die Vision einer Steuerung und Kontrolle irdischer Vorgänge durch im Weltall stationierte Spezialisten enthält in ihrem Kern ein technokratisches Konzept, demzufolge die technischen Experten kraft ihres Wissens regieren. Politische Entscheidungsverfahren – etwa die der parlamentarischen Demokratie – werden damit tendenziell überflüssig.

Um zu erklären, wie ein derartiges Weltbild entstanden ist, muß man in von Brauns Kindheit und Jugend zurückgehen, über die allerdings wenig bekannt ist. Wernher Magnus Maximilian von Braun, so der vollständige Name, wurde am 23. März 1912 in der Stadt Wirsitz in Posen (im heutigen Polen) als Sohn einer aristokratischen Familie geboren. Er hatte einen älteren Bruder, Sigismund (geb. 1911), und einen jüngeren Bruder, Magnus (geb. 1919). Sein Vater, Magnus Freiherr von Braun, war ein hoher politischer Beamter, der verschiedene Funktionen in Berliner Reichsministerien, aber auch in den östlichen Provinzen innehatte.[4] Er war ein deutschnationaler Antidemokrat, der aus seiner Ablehnung der Weimarer Republik keinen Hehl machte. Im März 1920 beteiligte er sich am Kapp-Putsch, dem Versuch rechtsextremer Nationalisten, die junge Republik zu liquidieren, und wurde deshalb seines Amtes als Regierungspräsident in Gumbinnen (Ostpreußen) enthoben. Als Mitglied des Reichswirtschaftsrates und Direktor der Deutschen Raiffeisenbank blieb er jedoch eine einflußreiche Person des öffentlichen Lebens. Im Juni 1932 wurde er Landwirtschaftsminister im Kabinett Papen, das als Wegbereiter der Nazis fungierte. Adolf Hitler übernahm ihn nicht in sein Kabinett, woraufhin er sich enttäuscht auf sein Gut in Oberwiesenthal bei Hirschberg in Schlesien zurückzog, das er 1930 erworben hatte.

Wernhers Mutter, Freifrau Emmy von Braun, wird als eine gebildete, weltoffene und warmherzige Frau geschildert. Sie war

Wernher (links) auf dem Schoß seines Vaters; rechts der ein Jahr ältere Bruder Sigismund

Die Brüder Sigismund, Wernher und
Magnus von Braun (v. l. n. r.)

für den jungen Wernher eine wichtige Bezugsperson, von der er
das Klavierspielen und fremde Sprachen sowie die Umgangsfor-
men lernte, die später als Von-Braun-Charme sprichwörtlich
wurden. Bei ihr fand das Kind die Zuwendung, die sein wacher
Geist benötigte. Seine Mutter erinnerte sich später: «Er war wie
ein trockener Schwamm und nahm jede Spur von Wissen begie-
rig auf. Seine Fragen nahmen kein Ende.»[5] Sie brachte Verständnis für ihren Sohn auf, der unermüdlich aktiv war und mit allem
herumbastelte – ein Verständnis, das dem Vater vollkommen
fehlte. Vergeblich versuchte dieser, seinem Sohn «ein wenig el-
terliche Führung zugute kommen zu lassen»[6].

Die Kindheit zwischen diesen beiden gegensätzlichen Polen
hat Wernher von Braun geprägt. Er wurde zu einer vielseitig ge-
bildeten Persönlichkeit, deren Ausstrahlung alle Menschen beeindruckte, die mit ihm in Kontakt kamen. Wernher von Braun
wußte stets, was er wollte, und hatte ein sicheres Gespür dafür,
welches Risiko er eingehen konnte, um seine Pläne durchzusetzen. Die familiäre Konstellation mit der verständnisvollen Mut-

Emmy und Magnus von Braun mit ihren Söhnen Sigismund,
Magnus und Wernher (ganz rechts)

ter als ruhendem Pol war eine ideale Situation, um die Verhal-
tensweisen einzuüben, mit denen von Braun später soviel Erfolg
hatte. *Ich tat nur das, was mir Spaß machte, und das waren meistens
Dinge, die nicht auf dem Lehrplan unserer Klasse standen* [7], schrieb er
in seinen Erinnerungen.

Schon in den ersten Schuljahren auf dem französischen
Gymnasium in Berlin schwänzte er den Physik- und den Mathe-

matikunterricht, um zu Hause zu basteln. Er konstruierte ein Raketenauto, indem er Feuerwerksraketen auf einen Bollerwagen montierte, und jagte damit den Spaziergängern auf der Tiergartenallee Angst und Schrecken ein.[8] Wernher hatte an die möglichen Folgen nicht gedacht; er sah in erster Linie die technische Leistung: *Ich war überwältigt. Der Wagen war zwar völlig außer Kontrolle und zog einen kometenartigen Feuerschweif hinter sich her, aber meine Raketen funktionierten besser, als ich es mir erträumt hatte.*[9] Die Polizei nahm den Jungen in Gewahrsam; nur die Intervention des Vaters konnte eine Bestrafung verhindern.

Dieser reagierte mit Unverständnis auf seinen Sohn: «Diese technische Begabung, mit der Wernher so reichlich ausgestattet zu sein scheint, ist eine völlig neue Eigenschaft in unserer Familie. Ich weiß wirklich nicht, woher er sie hat.»[10] In einer Familie, deren Söhne Landbesitzer wurden, zur Armee gingen oder in den Regierungsdienst eintraten, war Wernher ein *Sonderling*[11]. Eine wichtige Quelle der Inspiration war seine Mutter, zu deren Hobbys die Astronomie zählte. Zur Konfirmation schenkte sie ihrem Sohn 1925 ein astronomisches Fernrohr, das die Leidenschaft auslöste, die ihn nicht mehr losließ. Denn beim Betrachten des Mondes fiel sein Entschluß, das Fahrzeug zu bauen, das man für eine Reise dorthin benötigt.

Die Hiobsbotschaft einer Nicht-Versetzung wegen schlechter Noten in Mathematik und Physik nötigte die Eltern zum Handeln; der Vater beschloß, daß der «Sohn mehr Anleitung und Führung brauchte, als er bereit war, von seinen Eltern anzunehmen»[12]. Wernher wurde daher mit dreizehn Jahren auf das Hermann-Lietz-Internat in der Nähe von Weimar geschickt, das für seine modernen Erziehungsmethoden bekannt war. In der Freizeit nutzte er sein Fernrohr ausgiebig, um seine astronomischen Kenntnisse zu vertiefen und dem Traum von Raumflug nachzugehen. Ein wichtiger Impuls war schließlich Hermann Oberths Buch «Die Rakete zu den Planetenräumen», das 1923 erschienene Grundlagenwerk der modernen Raketenforschung. Wernher hatte große Mühe, die vielen mathematischen Formeln zu verstehen. Doch der Traum vom Weltraumflug entfesselte in dem Jungen den Ehrgeiz, sein schwaches Fach Mathematik so

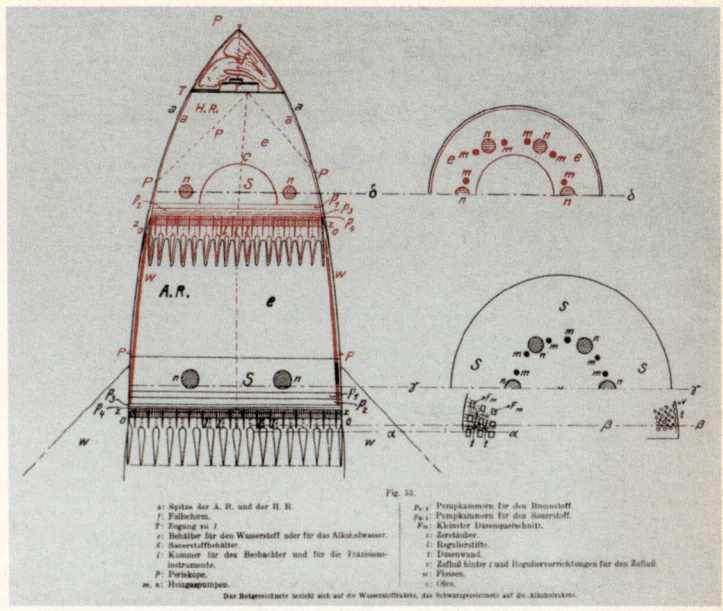

Entwurf einer zweistufigen bemannten Rakete,
die das Schwerefeld der Erde überwinden sollte.
Aus Hermann Oberths Buch
«Die Rakete zu den Planetenräumen», 1923

lange zu pauken, bis er *wenigstens die Hälfte des Buches*[13] von
Oberth verstand. Bald war er der beste Schüler der Klasse, der im
April 1930 sogar zur vorgezogenen Abiturprüfung zugelassen
wurde. Wenn Wernher ein Ziel vor Augen hatte, war er nicht zu
bremsen.

Bereits während seiner Schulzeit unternahm er die ersten
Schritte zur Realisierung seines Traums. Gemeinsam mit Mitschülern baute er ein kleines Observatorium, wobei er – wie später noch oft in seinem Leben – als Führer eines Teams agierte, das
eine außergewöhnliche Tat vollbrachte. Zudem beschäftigte er
sich mit dem Projekt einer Mondreise und verfaßte ein Manu-
skript *Zur Theorie der Fernrakete*, das seinen hohen wissenschaftlichen Anspruch verdeutlicht. Dort heißt es: *Unter einer Fernrakete ist ein Apparat zu verstehen, der zunächst im Laufe einer Antriebs-*

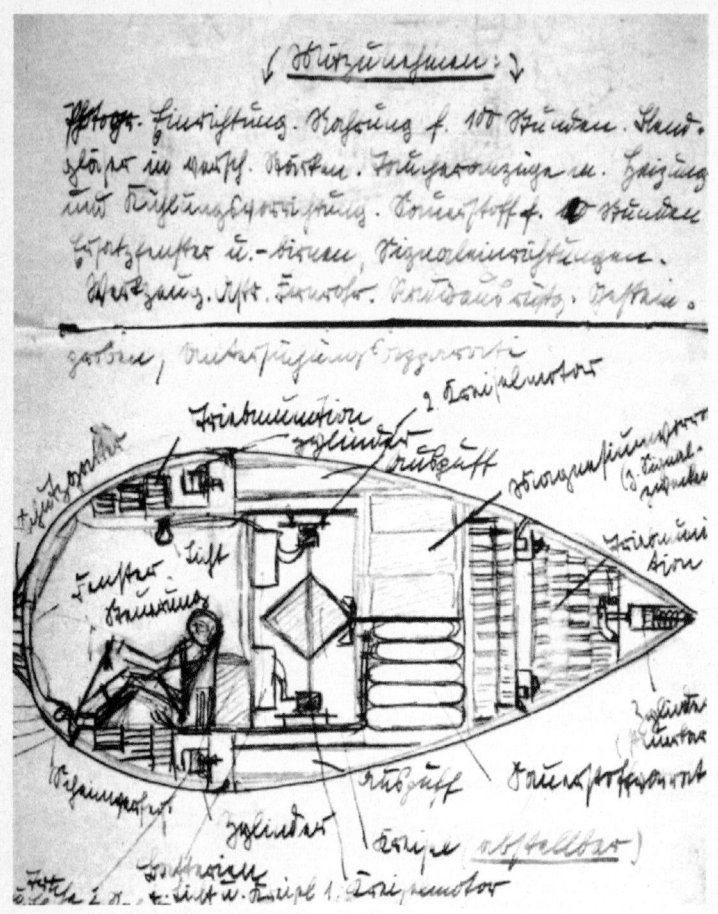

Skizze einer bemannten Rakete, die Wernher von Braun
im Alter von fünfzehn oder sechzehn Jahren anfertigte

*periode von ca. 1 bis 5 Min. durch einen Raketenmotor eine bestimmte
Endgeschwindigkeit erreicht, mit der er dann gleich einem Geschoß in
freier Wurfbahn den größten Teil der Wegstrecke durchfliegt. Die Be-
rechnung seiner tatsächlichen Flugbahn […] stellt ein ballistisches Problem dar, das in zwei Hauptteile zerlegt werden kann:*

1. Den Flug während der Antriebsperiode («Innenballistik»),
2. die antriebslose Wurfbewegung («Außenballistik»).[14]

Wernher von Brauns Jugend war von dem Traum geprägt, ins Weltall zu fliegen und die dafür erforderlichen Raketen zu konstruieren. Dieser Traum bestimmte die Entscheidungen für seine berufliche Zukunft: Er schrieb sich im Sommersemester 1930 an der Technischen Hochschule Berlin ein und nahm zugleich Kontakt mit den Raketenkonstrukteuren um Hermann Oberth auf.

DER RAKETENFLUGPLATZ BERLIN (1930–1932)

In den zwanziger Jahren grassierte in Deutschland das Raumfahrtfieber, ausgelöst unter anderem durch Hermann Oberth, der erstmals konkrete Wege für die Realisierung der Raumfahrt aufgezeigt hatte. Viele Zeitgenossen hielten dies für Phantasterei. Die spektakulären Versuchsfahrten, die Max Valier ab 1928 mit Raketenautos durchführte, erzeugten jedoch eine große Resonanz in der Öffentlichkeit. Die Rakete wurde zum Symbol des nationalen Wiederaufstiegs, das zudem von der wirtschaftlichen Misere ablenkte. Der 1927 gegründete Verein für Raumschiffahrt (VfR), der zum Treffpunkt von Amateurastronomen und Raketenbastlern wurde, trug ebenfalls dazu bei, den Raumfahrtgedanken zu verbreiten. Wernher von Braun nahm 1928 erstmals an einem Treffen des VfR teil und wurde 1930 dessen Mitglied. Gegen Ende der zwanziger Jahre kristallisierte sich innerhalb des VfR die Idee heraus, eine eigene Rakete zu konstruieren und so den ersten Schritt zur interplanetaren Raumfahrt zu tun.

Einen weiteren Schub erhielt die Raumfahrtbewegung durch den Film «Die Frau im Mond», den die Berliner Ufa im Oktober 1929 in die Kinos brachte. Der Regisseur Fritz Lang hatte Oberth als wissenschaftlichen Berater engagiert und ihm den Auftrag erteilt, eine Rakete zu konstruieren, die als Reklame-Gag zur Filmpremiere starten und vierzig Kilometer hoch steigen sollte – angesichts der damaligen technischen Möglichkeiten ein völlig unrealistisches Projekt. Trotz mangelnder Ingenieurkenntnisse nahm Oberth dieses Angebot an. Gemeinsam mit Rudolf Nebel führte er in einer Werkstatt, die die Ufa zur Verfügung gestellt hatte, praktische Experimente mit der «Kegeldüse» durch,

Funktionsprinzip der Flüssigkeitsrakete

Die Rakete wird von den Gasen angetrieben, die in der Brennkammer erzeugt werden. Da diese nur nach unten entweichen können, nach oben jedoch der gleiche Druck wirkt, entsteht eine nach oben gerichtete Bewegung.

Die Bildbeschriftung: Nutzlast, Oxidator, Treibstoff, Brennkammer

einem neuartigen Raketenmotor, der flüssige Treibstoffe verbrennt statt feste Treibstoffe wie seine leistungsschwächeren Vorgänger. Oberth arbeitete wie ein Besessener, verletzte sich bei einer Explosion ernsthaft, war aber trotz seiner revolutionären Erfindung nicht in der Lage, eine funktionierende Rakete fertigzustellen. Noch vor der Filmpremiere kehrte er enttäuscht nach Rumänien zurück und ließ das unfertige Projekt in den Händen seines Mitarbeiters Nebel zurück.

Wernher von Braun stieß im Frühsommer 1930 zu der Gruppe um Nebel und Oberth, der zu dieser Zeit wieder in Deutschland weilte. Studium und Hobby waren eng miteinander verknüpft, wie von Braun später schrieb: *Raketenantrieb und die Idee des Weltraumfluges [...] waren der eigentliche Grund gewesen, warum ich überhaupt beschlossen hatte, das Ingenieurstudium aufzunehmen.*[15] Die Raketenbastler, denen sich auch Klaus Riedel anschloß, entwickelten auf dem Gelände der Chemisch-Technischen Reichsanstalt einen kleinen Flüssigkeitsraketenmotor, der am 23. Juli 1930 bei einem von der Reichsanstalt amtlich bescheinigten Test 90 Sekunden lang die erwünschte Leistung von 7 Kilogramm

Schub erzeugte. Oberth kehrte anschließend aus finanziellen Gründen wieder in seine Heimat zurück.

Dieser Erfolg spornte die Raketen-Amateure an, ihre Arbeit auf eine kontinuierliche Basis zu stellen. Sie pachteten vom Heereswaffenamt einige alte Schuppen auf einem verlassenen Munitionslager in Reinickendorf und eröffneten dort am 27. September 1930 den «Raketenflugplatz Berlin». Geld war knapp, und es mußte improvisiert werden. Nebel, den von Braun als hemdsärmeligen Macher beschreibt, entwickelte erstaunliche Fähigkeiten, Materialspenden von Firmen einzuwerben. In Zeiten der Massenarbeitslosigkeit war zudem mancher Handwerker froh, auf dem Raketenflugplatz eine Beschäftigung, eine Unterkunft und eine warme Mahlzeit zu bekommen.

Das erste Projekt war die Minimum-Rakete, kurz Mirak – ein Kürzel, das Nebel spaßeshalber auch mit «Minimumeinsatz mit Mirakeleffekt»[16] übersetzte. Zwar startete Johannes Winkler am 14. März 1931 in Dessau die erste Flüssigkeitsrakete in Europa, doch wenig später war die Gruppe vom Raketenflugplatz soweit: Im Mai 1931 flog die erste Mirak; einige Dutzend weitere Starts

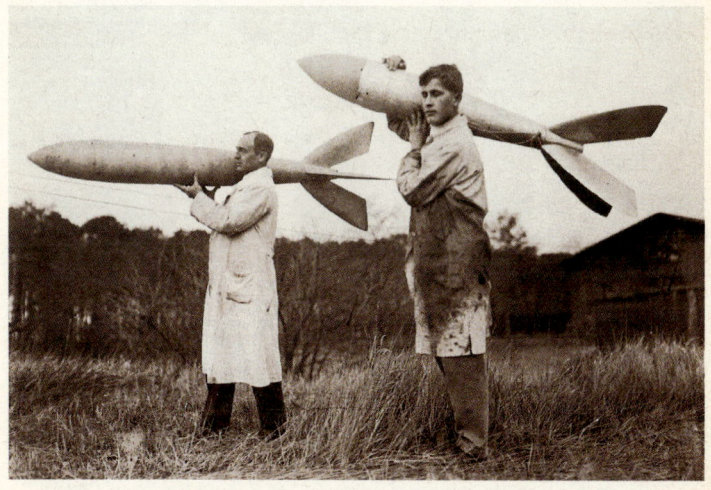

Rudolf Nebel (links) und der achtzehnjährige Wernher von Braun auf dem Raketenflugplatz Berlin-Reinickendorf, 1930

folgten. Dabei war auch zahlendes Publikum anwesend, wodurch man die Kasse des Raketenflugplatzes ein wenig aufbesserte. Bereits hier wirkte ein Mechanismus, der bei späteren Projekten immer deutlicher hervortrat: Das Interesse der Öffentlichkeit, vor allem aber potentieller Geldgeber aus Industrie und Politik ließ sich nur durch gelungene Raketenstarts aufrechterhalten, was die Raketenforscher oftmals dazu verleitete, «Shows» zu inszenieren, das heißt, halbfertige Geräte zu starten.

Mirak war eine kleine, primitive Rakete, deren Design vom Zwang zur Improvisation bestimmt war. *Nebels Neigung, die Materialien zu benutzen, die er umsonst beschaffen konnte* [17], ließ beispielsweise keine andere konstruktive Lösung zu, als den Motor an der Spitze der Rakete zu plazieren. Mirak erreichte eine Höhe von bis zu 500 Metern, von wo aus sie am Fallschirm zurückschwebte. Sie war ein erster Schritt, der jedoch zeigte, wie viele Probleme auf dem Weg zu einer funktionierenden Flüssigkeitsrakete noch zu lösen waren.

Auf dem Raketenflugplatz in Berlin, 1930: ganz links Rudolf Nebel, rechts von der senkrecht aufgestellten Rakete Hermann Oberth, vor ihm rechts im weißen Kittel Klaus Riedel, dahinter Wernher von Braun

Trotz der Doppelbeanspruchung durch Studium und Raketenflugplatz blieb Wernher von Braun genügend Zeit für andere Aktivitäten, vor allem für das Fliegen, das neben dem Wassersport seine größte Leidenschaft wurde. Bei einem Segelkurs lernte er 1932 Hanna Reitsch kennen, die später zur berühmtesten

Hanna Reitsch

weiblichen Pilotin Deutschlands wurde. Hanna war eine hübsche, zierliche Person, wie Wernher Jahrgang 1912 und ebenfalls ein Abenteurertyp. *Hanna war bei weitem das mutigste und furchtloseste Mädchen, das ich in meinem Leben traf* [18], urteilte von Braun später. Mit ihr verband ihn eine lebenslange Freundschaft. Sie trafen sich, wenn Hanna als Testpilotin in Peenemünde zu tun hatte. Wernher war eine attraktive Erscheinung, ein gutaussehender, hochgewachsener, charmanter Mann: Blond, blauäugig, mit einem jungenhaften Lächeln und tadellosen Manieren, ein «perfektes Beispiel des […] nordischen Ariers» [19]. Auf dem Raketenflugplatz wurde er «Sonnyboy» [20] genannt. Bis zu seinem 35. Lebensjahr blieb er jedoch Junggeselle.

Im Sommersemester 1931 studierte Wernher von Braun an der ETH Zürich. Berichtet wird von Experimenten, die er in seiner Studentenbude durchführte. Dabei wurden Mäuse auf einer quergestellten Fahrradfelge so lange im Kreis herumgeschleudert, bis sie verendeten. Von Braun versuchte, die Todesursache herauszufinden und daraus Schlüsse für die Durchführbarkeit bemannter Raumfahrtexpeditionen zu ziehen.

Am 4. Juni 1932 veröffentlichte die Zeitschrift «Umschau» einen Beitrag mit dem Titel *Das Geheimnis der Flüssigkeitsrakete*, in dem der zwanzigjährige von Braun den Stand der Raketenforschung in populärwissenschaftlicher Form darlegte und zugleich für die Förderung der Raketentechnik warb. Er diskutierte die Vorteile einer Flüssigkeitsrakete, erläuterte das Rückstoßprinzip, beschrieb konstruktive Details des Raketenmotors und behauptete schließlich, obwohl dies stark übertrieben war: *Schon heute werden mit Flüssigkeitsraketen Steighöhen von 4000 m mit Leichtigkeit erreicht.* Noch kühner war die Behauptung, es sei *ohne besondere Schwierigkeiten möglich, schon jetzt Raketen für 50 oder 100 km Steighöhe zu bauen*; denn erst 1942 erreichte die A 4 eine Höhe von 85 Kilometern. Alle derartigen Projekte seien jedoch bisher an der *leidigen Geldfrage* gescheitert. Um das Interesse potentieller Geldgeber zu wecken, entwarf er vier Projekte: 1. Raketen für die Atmosphärenforschung, Erdbeobachtung und Meteorologie, 2. Postraketen für große Entfernungen, 3. den interkontinentalen Passagierschnellverkehr mit Raketenflugzeugen und 4. als langfristige Option die Mondrakete.[21]

Der chronische Geldmangel des Raketenflugplatzes Berlin machte es erforderlich, auf jede nur denkbare Weise für die Raumfahrt zu werben, sei es mit öffentlichen Demonstrationen von Raketenstarts, sei es mit überoptimistischen Versprechungen in populärwissenschaftlichen Artikeln. Doch die Industrie hielt sich auf dem Höhepunkt der Wirtschaftskrise zurück, und die staatlichen Dienststellen reagierten ebenfalls zurückhaltend – mit einer Ausnahme, die für das Schicksal des Raketenprojekts, aber auch für von Brauns persönlichen Werdegang entscheidend werden sollte.

RAKETENFORSCHUNG FÜR
DIE REICHSWEHR (1932–1934)

Das Heereswaffenamt (HWA) der deutschen Reichswehr trieb die Entwicklung der deutschen Raketenforschung voran und gab ihr zugleich eine neue Richtung. Im Zuge der geheimen Wiederaufrüstung wurden Überlegungen angestellt, eine neue Fernwaffe zu konstruieren, welche die Pariskanone übertreffen sollte, mit der man im Ersten Weltkrieg bereits Distanzen von 125 Kilometern überwunden hatte. Dabei machte sich das HWA eine Lücke im Versailler Vertrag zunutze, der die Entwicklung neuartiger Waffen nicht berücksichtigt hatte.

Wie neuere Forschungen belegen, führte das HWA bereits ab 1929 in viel stärkerem Maße Regie, als es in den Legenden um die deutsche Raketenforschung deutlich wird. Die meisten Darstellungen postulieren zumindest für die Zeit bis 1942/43 eine Trennung von Politik und Technik und weisen daher auch eine Verstrickung der Raketenkonstrukteure in das Nazi-Regime und dessen verbrecherische Politik zurück. Von Braun und seine Mitstreiter hätten unbehelligt von äußeren Zwängen geforscht und sich ausschließlich den technischen Problemen der Konstruktion einer Flüssigkeitsrakete gewidmet. Die Original-Quellen sprechen eine völlig andere Sprache.[22]

Bereits 1929 erhielt Oberst Karl Becker, der Leiter der ballistischen Versuchsabteilung und spätere Chef des HWA, von der Reichswehr die Genehmigung für ein Programm zur Erforschung von Feststoffraketen, die als Trägerwaffen für die chemische Kriegsführung verwendet werden sollten. Einer seiner Mitarbeiter war Walter Dornberger. Ab 1930 finanzierte Becker Arbeiten an Flüssigkeitsraketen, unter anderem die Versuche der Nebel/Oberth-Gruppe (mit 5000 Reichsmark), der er auch das Gelände für den Raketenflugplatz vermittelte.

Im Frühjahr 1931 kühlten sich jedoch die Beziehungen zwischen Nebel und Becker ab, da Nebels Publizitätssucht der Strategie des HWA zuwiderlief. Für die Raketen-Amateure war das marktschreierische Werben unverzichtbar; das HWA hingegen wollte eine ballistische Rakete entwickeln, um diese in einem künftigen Krieg als Überraschungswaffe einzusetzen und so den

Kollaps der gegnerischen Moral herbeizuführen. Für ein derartiges Konzept, dessen militärische Logik schwer nachzuvollziehen ist, war die totale Geheimhaltung unabdingbar. Becker konnte nicht akzeptieren, daß das *Geheimnis der Flüssigkeitsrakete* gelüftet wurde, wie es von Braun in seinem «Umschau»-Artikel im Juni 1932 getan hatte. Das Projekt mußte ganz aus der Öffentlichkeit verschwinden, und das HWA mußte jene Aktivitäten um jeden Preis unterbinden, welche die Publizität der Raketentechnik erhöhten und den Finanzier im Hintergrund enttarnten.

Anfang 1932 unternahm das HWA einen letzten Versuch, die Leistungsfähigkeit und Seriosität der Nebel-Gruppe zu überprüfen, welche bislang die größten Fortschritte bei der Entwicklung von Flüssigkeitsraketen gemacht hatte, und sie zugleich in das Konzept einer geheimen Militärforschung einzubinden. Becker lud Nebel zu einer Vorführung eines Starts der vergrößerten Mirak II ein, die auf einem Armee-Testgelände in Kummersdorf außerhalb Berlins stattfinden sollte, denn – so Beckers Forderung – «Tag der Vorführung und sowie die Tatsache der Vorführung selbst sind unbedingt geheim zu halten»[23]. An dem Versuch, der am frühen Morgen des 22. Juni 1932 stattfand, nahm auch von Braun teil, dem hier die unterschiedlichen Herangehensweisen von Raketen-Amateuren und Waffen-Profis deutlich geworden sind: *Dornberger führte uns zu einem abgelegenen Platz auf dem Artillerie-Testgelände, wo ein gewaltiges Aufgebot von Photo-Theodoliten, ballistischen Kameras und Chronographen aufgestellt war – Instrumente, von deren Existenz wir zuvor nichts gewußt hatten.*[24] Der Test der Mirak II schlug fehl, vermutlich weil sie beim Transport über holprige Waldwege beschädigt worden war. Dies war ein «entscheidender Wendepunkt»[25] in der Politik des

Kurz-Vita Walter Dornberger

6. 9. 1895   geboren in Gießen
1930   Mitarbeiter im Heereswaffenamt
1934   Abteilung für Feststoff-Raketen
1936   Leiter der Abteilung für Raketen-Entwicklung
März 1943   Leiter der Heeresversuchsanstalt Peenemünde
Sept. 1943   Leiter der Raketen-Einsatztruppen
1945–47   in britischer Haft
1947   Berater der U.S. Air Force
1950   Vizepräsident der Forschungsabteilung der Bell Aerospace
1960   Ruhestand in Mexiko
27. 6. 1980   gestorben während eines Besuchs in Deutschland

Ein Heeresfeuerwerker mit der «Mirak II»
in Kummersdorf, 1932

HWA, das sich nunmehr endgültig von Nebel distanzierte, dem man vorwarf, mit falschen Versprechungen agiert zu haben. Der hemdsärmelige Stil Nebels paßte nicht mehr zu dem Ansatz, den das HWA immer stärker favorisierte, nämlich die Raketenentwicklung in eigener Regie in Form eines seriösen, wissenschaftlichen Forschungsprogramms zu betreiben.

Hier schlug nun die Stunde Wernher von Brauns. Angesichts der chronischen Geldknappheit, die auf dem Raketenflugplatz herrschte, nahm er all seinen Mut zusammen und besuchte im Juli 1932 auf eigene Faust Oberst Becker im HWA. Dies belegt das enorme Selbstbewußtsein, mit dem der Zwanzigjährige ausgestattet war, aber auch den unbedingten Glauben an die Vision, für die er alles zu tun bereit war. Becker und von Braun verstanden sich auf Anhieb und kamen überein, die Raketenforschung auf eine neue Grundlage zu stellen. Von Braun zitiert Becker in seinen Erinnerungen mit folgenden Worten: «Von unserem Standpunkt aus besehen, betreiben Sie zu viel Effekthascherei. Es wäre besser, wenn Sie sich auf wissenschaftliche Fakten konzentrieren würden, statt Spielzeugraketen abzuschießen.» Er selbst reagierte auf diese Kritik taktisch: *Meine Antwort lautete, daß wir derartige Daten gerne zur Verfügung stellen würden, wenn wir nur die dafür nötigen Meßinstrumente hätten.* Und er hatte

Erfolg; Becker bot von Braun *eine gewisse finanzielle Unterstützung an, vorausgesetzt, daß wir bereit sind, unsere Arbeit in der Anonymität hinter den Mauern einer Armee-Einrichtung durchzuführen*[26].

Von Braun hatte keine Skrupel, sich für ein geheimes Rüstungsprojekt zu entscheiden, welches am Rande der Legalität das Ziel verfolgte, «neue, die Bestimmungen des Versailler Vertrages nicht verletzende Waffenentwicklungen»[27] voranzutreiben, wie Dornberger es später freimütig formulierte. Ihm wie vielen seiner Mitstreiter *fehlte ein klares Urteil*[28] über die politische Entwicklung, die zu Hitlers Machtergreifung und zu den Untaten des nationalsozialistischen Regimes führte.

Die meisten Raketen-Amateure der Weimarer Zeit waren Vertreter einer «reaktionären Modernität»[29] – einer denkwürdigen Mischung aus technischem Fortschrittsdenken und politisch rückwärtsgerichteten Orientierungen. Auch von Braun paßt in dieses Bild: Er war ein nationalistischer Aristokrat, für den «die deutsche Republik nichts taugte und die Nazis lächerlich waren»[30]. Aber anders als sein Vater meinte er, über den Dingen zu stehen. Er verkörperte den Prototyp des unpolitischen Technikers, der selbst unter den Bedingungen der Nazi-Herrschaft davon ausging, daß man Technik und Politik säuberlich trennen könne. Von Braun war weder vor 1933 noch später ein überzeugter Nazi; er war eher indifferent-konservativ, und ihm fehlte eine klare politische Orientierung. Im Zentrum seines Denkens und Handelns standen er selbst und seine persönlichen Interessen. Er war Genußmensch und Egozentriker, vor allem aber war er Opportunist, der die Gelegenheit, die sich 1932 bot, nicht auslassen wollte.

Selbst nach 1945 rechtfertigte von Braun seine damalige Entscheidung noch mit dem Argument, *die finanziellen Mittel und die Anlagen der Armee [seien] der einzige praktische Ansatzpunkt auf dem Weg zur Raumfahrt* gewesen. Zu diesem Zeitpunkt *dachte keiner von uns an die Zerstörungen, welche Raketen schließlich als Kriegswaffen verursachen würden*[31]. In einer früheren Version dieses Textes hieß es sogar, daß er dabei *nur wenig moralische Skrupel*[32] gehabt habe. Trotzdem ist es ihm nach 1945 gelungen, den Mythos zu kultivieren, daß der Einstieg in ein Waffenprogramm der Reichswehr der erste Schritt zur Raumfahrt war und die Raketenforscher die Entwicklungen bis etwa 1942/43 weitgehend in der Hand hatten. Nur wenige Male wurde diese Legende in Frage gestellt, etwa als von Braun 1952 in der Illustrierten «American Magazine» öffentlich bekannte: *Als deutscher Wissenschaftler unter Hitler war ich verantwortlich für das V-2-Programm, in dem die tödlichen Raketenwaffen geschaffen wurden, mit denen die Nazis gegen Ende des Krieges ihre Gegner terrorisierten.*[33]

Nebel und Riedel waren nicht übermäßig begeistert von den Vorschlägen, die ihr Kollege von seiner Unterredung mit Becker mitbrachte. Nebel hielt wenig davon, sich militärischer Kontrolle und bürokratischen Prozeduren zu unterwerfen; er verfolgte weiterhin seine Strategie, mit vorlauten Versprechungen Sponsoren für zweifelhafte Projekte zu gewinnen. Auch Riedel ging seinen eigenen Weg, der ihn zunächst zur Firma Siemens und 1937 schließlich nach Peenemünde führte. Der Raketenflugplatz mußte im Sommer 1933 schließen, weil die Armee sich weigerte, die Pacht zu verlängern, und auch der Verein für Raumschiffahrt mußte seine Aktivitäten 1934 einstellen. Dem HWA gelang es, die Raketentechnik allmählich aus der Öffentlichkeit verschwinden zu lassen, indem es die Amateur-Raketenforschung unter seine Obhut nahm und die verbleibenden Reste ausschaltete. Der sogenannte Röhm-Putsch 1934, eine sorgfältig inszenierte Säuberungsaktion innerhalb der NSDAP, war die Gelegenheit, renitente Personen wie Nebel endgültig kaltzustellen und eine totale Zensur über die Raketenforschung zu verhängen.

Die Armee hatte die Raketenforschung von Beginn an unter ihrer Kontrolle. Ihr Ziel war ein geheimes Forschungsprogramm zur Entwicklung einer militärisch verwendbaren Flüssigkeitsrakete, und ein erster Ansatz war durch das Arrangement mit von Braun gefunden. Becker hatte von Braun vorgeschlagen, an der Berliner Friedrich-Wilhelms-Universität zu promovieren und zugleich in der Versuchsstelle-West in Kummersdorf zu arbeiten. Dafür wurden ihm ein Forschungsstipendium von 300 Reichsmark im Monat gezahlt und ein kleines Labor eingerichtet. Von Braun trat am 1. Dezember 1932 als Zivilangestellter in den Dienst der Reichswehr und immatrikulierte sich zum Wintersemester 1932/33 an der Universität Berlin, wo er bereits im

April 1934, also nur vier Jahre nach Beginn seines Studiums an der TH, seine Dissertation mit dem Titel *Konstruktive, theoretische und experimentelle Beiträge zu dem Problem der Flüssigkeitsrakete* vorlegte, die der Geheimhaltung unterlag (selbst der Titel war geheim) und erst 1960 veröffentlicht wurde.

Wernher von Braun kam in der deutschen Raketenforschung von nun an eine Schlüsselstellung zu. Zunächst waren die Bedingungen, unter denen er in Kummersdorf arbeitete, recht primitiv: *Mein Labor war die Hälfte einer Betongrube mit Schiebedach [...]. Mein Personal bestand aus einem einzigen Mechaniker, und meine Arbeitsaufträge verschwanden in einer Artilleriewerkstatt, in der sich bereits die Aufträge häuften, die eine höhere Priorität als die meinigen hatten. Materialanforderungen blieben endlos auf den Tischen der Bürokraten [...] liegen.*[34] Schon im Januar 1933 fand jedoch der erste erfolgreiche Test eines einfachen Raketentriebwerks statt, das immerhin eine Leistung von 140 Kilogramm Schub für die Dauer von sechzig Sekunden entwickelte. Die Von-Braun-Gruppe wurde daraufhin erheblich verstärkt. Nach etlichen Modifikationen war im Juni 1933 der Entwurf für das Aggregat 1 (A 1) mit 300 Kilogramm Schub fertiggestellt, das jedoch beim ersten Test Ende 1933 oder Anfang 1934 explodierte. Derartige Zwischenfälle waren an der Tagesordnung; im Juli 1934 kamen drei Mitarbeiter von Brauns ums Leben, als ein Prüfstand in die Luft flog.

Nach diesem Fehlschlag ordnete das HWA grundlegende konstruktive Änderungen an, deren Resultat die A-2-Rakete mit ebenfalls 300 Kilogramm Schub war. Mitten in der Arbeit an der A 2 stellte von Braun seine Dissertation fertig, die den Stand der Forschungen im Übergang vom Aggregat A 1 zum Nachfolgemodell beschrieb und neben theoretischen Berechnungen des Verbrennungsprozesses und Überlegungen zur Optimierung des Raketenmotors erstmals praktische Meßergebnisse über den Wirkungsgrad und den Energieverbrauch des Raketenmotors enthielt. Damit erfüllte er Beckers Forderungen, nicht um des Sensationseffektes willen unvollkommene Geräte zu starten, sondern die Grundlagen des neuen Wissensgebietes eingehend zu studieren und dessen (waffen)technische Potentiale auszuloten. In diesem Sinne schrieb von Braun: *Das im Rahmen dieser Ar-*

beit entwickelte zusammengebaute Aggregat ist ein reines Studienob-
jekt, das noch nicht im Hinblick auf einen bestimmten Verwendungs-
zweck geschaffen wurde. Dieses Gerät sollte *nur die Aufgabe haben,*
die im Prüfstandbetrieb entwickelten Einzelgeräte [...] in einer prak-
tisch verwendungsfähigen Form zusammenarbeiten zu lassen[35]. Interessant an diesem Zitat ist die Trennung der Technik, an deren
Optimierung von Braun mit allen Kräften arbeitete, vom Ver-
wendungszweck, den er ausklammerte.

Trotz der zunächst auferlegten Beschränkung auf theoretische Fragen konnten bereits am 19. und am 20. Dezember 1934
zwei A-2-Raketen mit den Namen «Max» und «Moritz» gestartet
werden, was aus Gründen der Geheimhaltung und der Sicherheit auf der Insel Borkum geschah. Beide Raketen erfüllten die
Erwartungen und erreichten Gipfelhöhen von ca. 1700 Metern.
Dieser Erfolg war der Abschluß der ersten Phase der Raketenforschung, in der die Grundlagen einer neuen Technologie geschaffen worden waren. Damit eröffnete sich die Perspektive der Ent-

Adolf Hitler im
Frühjahr 1934
vor dem Offiziers-
kasino der Ver-
suchsstelle-West
in Kummersdorf.
Vorletzte Reihe
oben in der Mitte
(in Zivilkleidung):
Wernher von
Braun

wicklung einer ballistischen Großrakete, die nur acht Jahre später in Peenemünde ihren Erstflug absolvierte. Die Zeit der Amateurforschung war unwiderruflich vorbei; nun konnte es nur noch im großen Stil weitergehen.

Zudem war das Interesse der Militärs, aber auch der Politik an der Raketenforschung geweckt worden. Die Nazi-Größen gaben sich ab Herbst 1933 in Kummersdorf die Klinke in die Hand, und selbst Adolf Hitler stattete am 29. September 1933 erstmals seinen Besuch ab, nicht ohne daraufhin eine erhebliche Aufstockung der Mittel in die Wege zu leiten. Die Armee hatte das Raketen-Projekt fest im Griff, das Nazi-Regime hatte es fest im Blick. Die künstliche Trennung von Nationalsozialismus und Raketenforschung, wie sie in der Legende um Peenemünde immer wieder konstruiert wurde, hat in der Praxis nie existiert.

Im Dienst des Dritten Reiches

PEENEMÜNDE (1935–1939)

Nach dem erfolgreichen Abschuß von «Max» und «Moritz» sprach von Braun in verschiedenen Ministerien vor, um Mittel für die Fortsetzung seiner Arbeiten einzuwerben. Die Zeiten waren günstig, denn mit dem Bruch des Versailler Vertrages im März 1935 begann die Aufrüstung der Wehrmacht, von der vor allem die Luftwaffe profitierte, die ebenfalls Interesse an der Raketentechnik zeigte. In Hermann Görings «goldenem Zeitalter» war auf einmal alles möglich, wenn es sich nur als rüstungsrelevant darstellen ließ. Der massive Ausbau der Forschungs-Kapazitäten in Peenemünde, die von Heer und Luftwaffe gemeinsam getragen wurden, aber auch die enormen technologischen Fortschritte in den folgenden Jahren sind nur vor diesem politischen Hintergrund verständlich.

Am 27. Juni 1935 fand ein Treffen von Vertretern der Luftwaffe und des HWA in Kummersdorf statt, das als Geburtsstunde von Peenemünde angesehen werden kann. Von Braun hatte ein Positionspapier vorbereitet, in dem er die Zusammenfassung der Arbeiten an dem Raketenflugzeug der Luftwaffe (Heinkel He 112) und der Flüssigkeitsrakete des Heeres (der späteren A 4/V 2) an einem Standort vorschlug. Dies war ein taktisch geschickter Vorschlag, die finanzstarke Luftwaffe in ein gemeinsames Projekt einzubinden, denn sie übernahm später die Hälfte der Baukosten der Armee-Einrichtungen in Peenemünde-Ost.

Zudem entwickelte von Braun das Konzept einer staatlich finanzierten Großforschungseinrichtung, die sich grundlegend von der universitären Grundlagenforschung wie auch der Industrieforschung unterschied, weil alle wichtigen Arbeiten unter einem Dach zusammengefaßt und unter staatlicher Regie durchgeführt werden sollten. Das in Peenemünde geschaffene Modell außeruniversitärer Großforschung wurde später weltweit zum Vorbild insbesondere in der Raumfahrt- und Atomforschung.

Ausschlaggebend für dieses Konzept war vor allem das Interesse an strikter Geheimhaltung, denn das HWA wollte eine breite Nutzung der neuen Technologie vor ihrem Ersteinsatz als Überraschungswaffe um jeden Preis vermeiden. Konsequenterweise legte von Braun *entscheidenden Wert auf eine Vereinbarung, daß Zeichnungen und Bauunterlagen aller Art [...] der Industrie nicht zugänglich gemacht werden*[36]. Von Braun trat hier als konzeptioneller Vordenker auf, der, obwohl erst 23 Jahre alt, die Entwicklungen aktiv vorantrieb und maßgeblich prägte. Er befand sich mit seinem «Alles-unter-einem-Dach-Konzept» in Übereinstimmung mit Walter Dornberger, der ab Mai 1936 die Abteilung für Raketenentwicklung im HWA («Wa Prüf 11») leitete und die Arbeiten in Peenemünde beaufsichtigte, förderte und gegen äußere Störungen abschirmte. Beide waren gemeinschaftlich und in freundschaftlicher Verbundenheit die zentralen Figuren des deutschen Raketenprojekts.

Daß sich nunmehr zwei Organisationen für die Raketenforschung interessierten, war eine Situation, die von Braun geschickt zu seinen Gunsten nutzte. Seine Ambitionen, zur Luftwaffe zu wechseln, waren durchaus ernst zu nehmen, denn diese war nicht nur wegen des Geldes, sondern auch wegen des Umgangsstils, der unter den *jungen, unternehmungslustigen und aufnahmefähigen*[37] Offizieren herrschte, für von Braun eine attraktive Alternative zur Armee, in der es behäbig und bürokratisch zuging. Folgende Episode ist symptomatisch für von Brauns opportunistisches Verhalten: Seit 1935 hatte er an dem Raketenflugzeug He 112 gearbeitet, woraufhin der Leiter der Luftfahrtforschung, Wolfram Freiherr von Richthofen, ihm 5 Millionen Reichsmark für eine Fortsetzung dieser Arbeiten anbot. Als von Braun seinem Vorgesetzten Becker, mittlerweile Leiter der Abteilung «Waffenprüfwesen» des HWA, diese Offerte vorlegte, reagierte dieser sauer: *«Diese Emporkömmlinge aus der Luftwaffe»*, knurrte er, *«kaum haben wir eine interessante Entwicklung hervorgebracht, versuchen sie schon, uns diese zu klauen.»* Und auf die Frage, ob er mithalten wolle, antwortete er: *«Genau! Ich habe vor, sechs Millionen auf von Richthofens fünf Millionen draufzulegen.»* Auf diese Weise floß plötzlich reichlich Geld. Nochmals von Braun: *[...] un-*

sere bescheidenen Bemühungen, deren Jahresbudget den Betrag von
80.000 RM niemals überschritten hatten, verwandelten sich zu dem,
was die Amerikaner Großforschung nennen. Von nun an floß eine Mil-
lion nach der anderen, genau wie wir es brauchten. [38]

Von Braun hatte zwei Sponsoren gegeneinander ausgespielt
und so den Aufbau einer reichlich ausgestatteten staatlichen Raketenforschungsanstalt erreicht. Das Arrangement garantierte
ihm zudem – zumindest für den Zeitraum bis 1939 – eine gewisse Autonomie; denn er war nicht mehr in dem Maße vom HWA
abhängig wie zuvor, sondern konnte sich parallel in Projekten
der Luftwaffe engagieren. Dies war von Brauns unverwechselba-
rer Stil, Interessenpolitik zu betreiben. Von klein auf hatte er gelernt, wie man seine Ziele auch gegenüber einflußreichen Personen durchsetzt. Dieses Talent nutzte er, um sich schon in jungen
Jahren eine beachtliche Stellung aufzubauen. Er konnte andere
überzeugen und für die Sache begeistern, die er sich in den Kopf
gesetzt hatte.

Im April 1936 begannen die Bauarbeiten in Peenemünde,
und bereits im Mai 1937 konnten die Anlagen eröffnet werden,
deren Westteil die Luftwaffe und deren Ostteil das Heer nutzte;
allerdings blieb Peenemünde bis 1939 eine Großbaustelle. Wernher von Braun wurde am 15. Mai 1937 zum Technischen Direktor der «Heeresversuchsanstalt Peenemünde» (HVP) ernannt,
wie der Ostteil ab 1938 offiziell hieß, das heißt, er leitete die
Forschungs- und Entwicklungsabteilung. Daß man einen Fünf-
undzwanzigjährigen mit einer derartigen Aufgabe betraute, ist
erstaunlich, aber von Braun hatte in Kummersdorf nicht nur beachtliche technische Leistungen vollbracht, sondern auch einen
Stab von 90 Mitarbeitern geleitet und dabei seine Führungsqua-
litäten und sein Organisationstalent unter Beweis gestellt.

In Peenemünde unterstanden ihm anfangs 350 Mitarbeiter –
eine Zahl, die sich rasch auf mehrere tausend erhöhte. Er scharte
alte Freunde um sich, unter anderem Klaus Riedel, und holte
selbst Oberth sowie seinen Bruder Magnus nach Peenemünde.
Die Ernennung zum Technischen Direktor hatte allerdings ihren
Preis: Am 12. November 1937 beantragte Wernher von Braun
rückwirkend zum 1. Mai seine Aufnahme in die NSDAP – ein

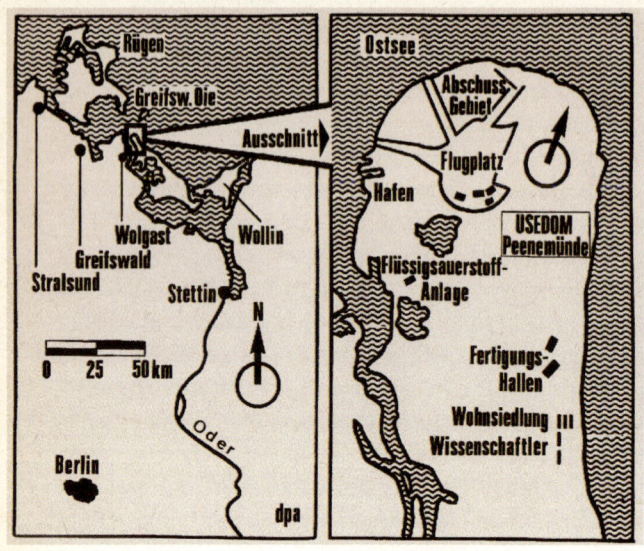

Lageskizze des V-Waffen-Zentrums Peenemünde

Schritt, der für Führungspersonen des Regimes unumgänglich war, in allen Memoiren später aber sorgsam ausgespart wurde.[39]

Das Arbeitsprogramm für Peenemünde-Ost wurde bereits im März 1936 in einer Besprechung festgelegt, in der Dornberger, von Braun und Walter Riedel das Anforderungsprofil der A-4-Rakete definierten. Bei einer Leistung von 25 Tonnen Schub kam man auf ein Geschoß, «das 1 t Sprengstoff auf die doppelte Entfernung der Pariser Kanone, also 250 km, schleudern konnte»[40]. Gefordert wurden zudem eine hohe Treffgenauigkeit (was sich später als unrealistisch erwies) und die Einhaltung bestimmter Maße, damit die Rakete mit der Bahn zu ihren Einsatzorten transportiert werden konnte. Die A 4 war somit nicht als ein militärisch und zivil verwendbares Allroundgerät ausgelegt, sondern eindeutig von militärischen Anforderungen geprägt.

Es ist bezeichnend für von Brauns Umgang mit seiner Vergangenheit, daß er den Termin dieser Besprechungen zunächst auf 1938, später dann auf 1937 umdatierte und zudem behauptete, er habe von den Planungen nichts gewußt: *Es ist nicht ein*

Stückchen Wahrheit an all den Behauptungen, die A-4 oder V-2 sei von Beginn an als eine Waffe konzipiert gewesen, mit der London verwüstet werden sollte.[41] Angriffe auf zivile Ziele wurden zwar erst ab 1941 erwogen; dennoch hatten von Braun und sein Team vom ersten Arbeitstag an den Auftrag zur Entwicklung einer Raketenwaffe.

Dornberger plante schon 1936 über den Horizont der A 4 hinaus, indem er die Prüfstände für noch stärkere Raketen mit bis zu 100 Tonnen Schub – das Vierfache der A 4 – auslegte. Die Arbeiten des Jahres 1937 konzentrierten sich allerdings auf die Fertigstellung der A-3-Rakete, die als Erprobungsträger für eine Reihe neuer Technologien, unter anderem das Steuerungssystem, ausgelegt war, das erforderlich war, um die Flugbahn der Rakete nach der Zündung zu korrigieren und so die Treffgenauigkeit zu steigern. In den Anfängen war es vor allem darum gegangen, einen funktionsfähigen Flüssigkeitsraketenmotor zu konstruieren, damit das Projektil überhaupt vom Boden abhob. Nach 1935 fächerten sich die Themen zunehmend auf, wobei Fachgebiete wie die Überschall-Aerodynamik oder die elektronische Steuerung tangiert wurden, in denen kaum einer der beteiligten Raketenkonstrukteure systematisches Wissen besaß. Zur Bearbeitung dieser Teilprobleme wurden eigene Abteilungen eingerichtet und aufwendige Anlagen gebaut, unter anderem ein großer Windkanal, ein Elektroniklabor sowie die Prüfstände. Geld war im Überfluß vorhanden. Die Gesamtkosten des Baus der Anlagen in Peenemünde-Ost betrugen etwa 550 Millionen Reichsmark.

Die A 3 war die erste Rakete, die über ein internes Steuerungssystem verfügte, das mit Hilfe von Kreiselgeräten Abweichungen registrierte und entsprechende Ausgleichsbewegungen veranlaßte, um den Kurs stabil zu halten. Alle vier Raketen, die im Dezember 1937 von der Insel Greifswalder Oie nördlich von Peenemünde gestartet wurden, versagten jedoch. Das Steuerungssystem mußte komplett neu konstruiert werden, und man nannte die derart modifizierte Rakete A 5, *um das Stigma der früheren Fehlschläge zu vermeiden*[42]. (Die Bezeichnung A 4 war bereits vergeben.) Der Fehlschlag der A 3 war für das Raketenteam eine Lehre, daß technologische Sprünge nicht im Hauruck-Ver-

fahren, sondern nur durch ein systematisch angelegtes, kontinu-
ierliches Forschungsprogramm und gründliche Tests zu erreichen sind.

Ab Oktober 1938 fanden etliche Starts der ungesteuerten
Version der A-5-Rakete statt, die allesamt erfolgreich waren; im
Herbst 1939 folgte die erste A 5 mit dem neuen Steuerungssystem, das ebenfalls problemlos funktionierte. Das von Braunsche
Team besaß nunmehr einen zuverlässigen Erprobungsträger,
mit dessen Hilfe während der nächsten zwei Jahre eine Reihe von
Tests durchgeführt wurden, die der Konstruktion der A 4 zugute
kamen. Man erreichte Höhen von 13 Kilometern und erprobte
erstmals die Umlenkung der Rakete auf eine ballistische Flugbahn, wie sie für den Beschuß von Bodenzielen erforderlich ist.
Hierbei kam man auf Reichweiten von bis zu achtzehn Kilometern. Von Braun und seine Mitarbeiter erzielten mit der A 5 enorme technologische Fortschritte; damit war «der Weg zur Kriegsrakete, der A 4, frei»[43].

Die Übertragung der Erfahrungen in die Dimensionen der
A 4 bereitete zahlreiche Probleme, die jedoch in erstaunlich kurzer Zeit gelöst wurden. Diese «Revolution in der Raketentechnik»[44] ist – folgt man der Interpretation von Michael Neufeld –
auf die massive Förderung der Raketenforschung durch die
Armee, deren Konzentration unter einem Dach, die Leitung durch
eine charismatische Figur wie Wernher von Braun sowie die
systematische, wissenschaftliche Herangehensweise zurückzuführen.

Von Brauns Führungsstil war durch eine eigenwillige Mischung aus Autorität und Kollegialität geprägt. Er war ein ungeduldiger Antreiber, der auf das Gelingen des Projekts fixiert war
und von seinen Mitarbeitern Disziplin und hohen Einsatz forderte. Die Sicherstellung höchster Qualität überprüfte er durch persönliche Besuche in den Werkstätten und Labors. Er dirigierte ein
engmaschiges Kontrollsystem, das als Frühwarnsystem für Fehl-
entwicklungen jeglicher Art fungierte. Er vermittelte seinen Mitarbeitern jedoch nie das Gefühl, fremdbestimmte Arbeit auszu-
führen. Er zeigte Respekt vor jeder einzelnen Person und erzeugte
stets – selbst in schwierigen Situationen – eine positive Grund-

stimmung, welche dazu motivierte, die Anstrengungen gemeinsam auf sich zu nehmen. Dies war der legendäre Teamgeist von Peenemünde, der auf charismatischer Führung basierte.

Von Braun hatte eine eigenartige Fähigkeit, seine Mitarbeiter auf ein Ziel einzuschwören. «Von Braun ‹hielt› keine Besprechungen, sondern er führte sie im wahrsten Sinne, wobei er Einfühlungsvermögen und Scharfsinn an den Tag legte. Er kannte die meisten Probleme aus eigener Praxis, und wo das nicht der Fall war, verstand er sie instinktiv […].» Von Braun ließ zwar eine offene Diskussion zu; zugleich bestand aber kein Zweifel daran, daß er allein die Richtung vorgab: «Er bewies wiederholt seine Fähigkeit, ein Problem oder eine Situation auf Anhieb zu erkennen, und wenn dann den Anwesenden die näheren Umstände erklärt wurden, hatte er bereits die Lösung dafür, die fast immer einstimmig angenommen wurde.»[45] Er war der unumstrittene Patriarch: «Wenn von Braun eine Frage stellte, hatte er im Geist bereits eine mögliche Antwort parat. Seine Fragen dienten zur Bestätigung seiner Gedanken, zum Schließen noch bestehender Lücken.»[46]

Die Arbeiten an der A 4 begannen Anfang 1939 und führten bereits am 3. Oktober 1942 zum erfolgreichen Erstflug einer ballistischen Flüssigkeitsrakete. Vor allem die Entwicklung eines leistungsstarken Raketenmotors war eine große Herausforderung, die Walter Thiel, der Leiter der Antriebsgruppe, jedoch meisterte. Das von ihm entwickelte Triebwerk wurde am 15. September 1941 fertiggestellt. Im Oktober folgten die ersten Prüfstandversuche mit kompletten Raketen, welche jedoch explodierten und erheblichen Schaden an den Anlagen anrichteten.

Mittlerweile hatte sich der gesamte politische und militärische Kontext gewandelt. Das Heereswaffenamt drängte immer ungeduldiger auf die Fertigstellung der Rakete und ihren Einsatz, den man ursprünglich für Ende 1941 geplant hatte. Unter diesem äußeren Druck ging man im Frühjahr 1942 erstmals das Wagnis ein, eine A 4 zu starten. Der erste Versuch im März 1942 schlug fehl, der zweite – vor prominenter Kulisse – am 13. Juni ebenfalls. Der Abschuß am 16. August 1942 war wenigstens ein Teilerfolg, aber am 3. Oktober 1942 funktionierte alles planmäßig. Das Projektil flog auf einer ballistischen Flugbahn 85 Kilometer hoch

A-4-Rakete nach dem Abschuß

und 190 Kilometer weit und erreichte dabei eine Höchstgeschwindigkeit von ungefähr 5500 Stundenkilometern. Von Braun erfüllte dies *mit Stolz und Zufriedenheit* [47]. Es herrschte großer Jubel unter den Anwesenden, und Walter Dornberger hielt eine pathetische Rede, in der er davon sprach, daß nun das Tor zum Weltraum aufgestoßen sei. [48] In der Tat hatte die Rakete den Weltraum durchquert – aber nur, weil es nicht anders möglich war, einen Sprengkopf über eine derartige Entfernung zu transportieren, und die Rakete zudem steiler aufgestiegen war als vorgesehen. Ihr primärer Zweck war jedoch ein militärischer, für Weltraum-Missionen war sie nicht optimiert.

In der Folgezeit sollten die Peenemünder Raketenforscher immer deutlicher zu spüren bekommen, daß das Nazi-Regime in erster Linie an einer funktionierenden Waffe interessiert war. Der Moment des Jubels am 3. Oktober 1942 mag möglicherweise die Illusion genährt haben, man könne die Entwicklung unter eigener Regie weiterführen. Faktisch war die Raketenforschung jedoch eng mit dem nationalsozialistischen System verbunden; anders wäre der rasante technologische Fortschritt niemals möglich gewesen. Zudem befand sich Deutschland seit 1939 im Krieg, dessen Verlauf sich immer mehr zuungunsten des Aggressors entwickelte. Die künstliche Trennung von Raketenforschung und Nazi-Politik, die bis 1939 noch eine plausible

Lebenslüge gewesen sein mag, wurde nach Kriegsbeginn völlig obsolet. Das Peenemünder Raketenteam hatte mit großem Engagement eine Waffe für Hitler und seine Schergen gebaut und damit mehr als seine patriotische Pflicht getan; und die Spitzen des nationalsozialistischen Staates zögerten nicht, auf das Angebot einzugehen und den militärischen Einsatz der neuen Technologie zu fordern.

Im Strudel der Kriegswirtschaft (1939 – 1942)

Hatte das Raketenforschungszentrum bis zum Kriegsausbruch im September 1939 quasi eine Blanko-Vollmacht für alle nur erdenklichen Projekte gehabt, so änderte sich diese Situation nunmehr unter dem Zwang, gewaltige Ressourcen für den Eroberungsfeldzug bereitzustellen, den Nazi-Deutschland quer durch Europa führte. Die deutschen Überfälle auf Polen (1939), Frankreich (1940) und die Sowjetunion (1941) hatten nicht nur einen großen Bedarf an Soldaten und Arbeitern für die Rüstungsindustrie, sondern auch eine enorme Nachfrage nach Munition und Kriegsgerät zur Folge. Projekte wie die A-4-Rakete, deren militärischer Nutzen unklar war, die dennoch erhebliche Mengen an Technikern und kostbaren Materialien verschlangen, gerieten nunmehr unter Rechtfertigungsdruck. Für Peenemünde begann die Zeit der Prioritätsstreitigkeiten, des Kampfes um Stahlquoten und Dringlichkeitsstufen, den das Raketenteam jedoch immer wieder zu seinen Gunsten entscheiden konnte. Das «Auf und Ab der Kriegslage»[49] schlug sich zwar auch in Peenemünde nieder; dennoch gingen die Arbeiten an der A-4-Rakete erstaunlich rasch voran.

Will man die Situation, in die das Raketenprojekt 1939/40 geriet, richtig verstehen, so muß man vor allem die Strategie Dornbergers betrachten, denn seine Planungen zielten schon seit 1937 vorrangig auf die Serienproduktion einer einsatztauglichen Kriegsrakete. Mit diesen ehrgeizigen Ambitionen brachte er das Raketenteam immer wieder in Bedrängnis. Von Braun hielt es für verfrüht, vor Abschluß der Entwicklungsarbeiten an die Produktion zu denken. Dennoch richtete Dornberger bereits

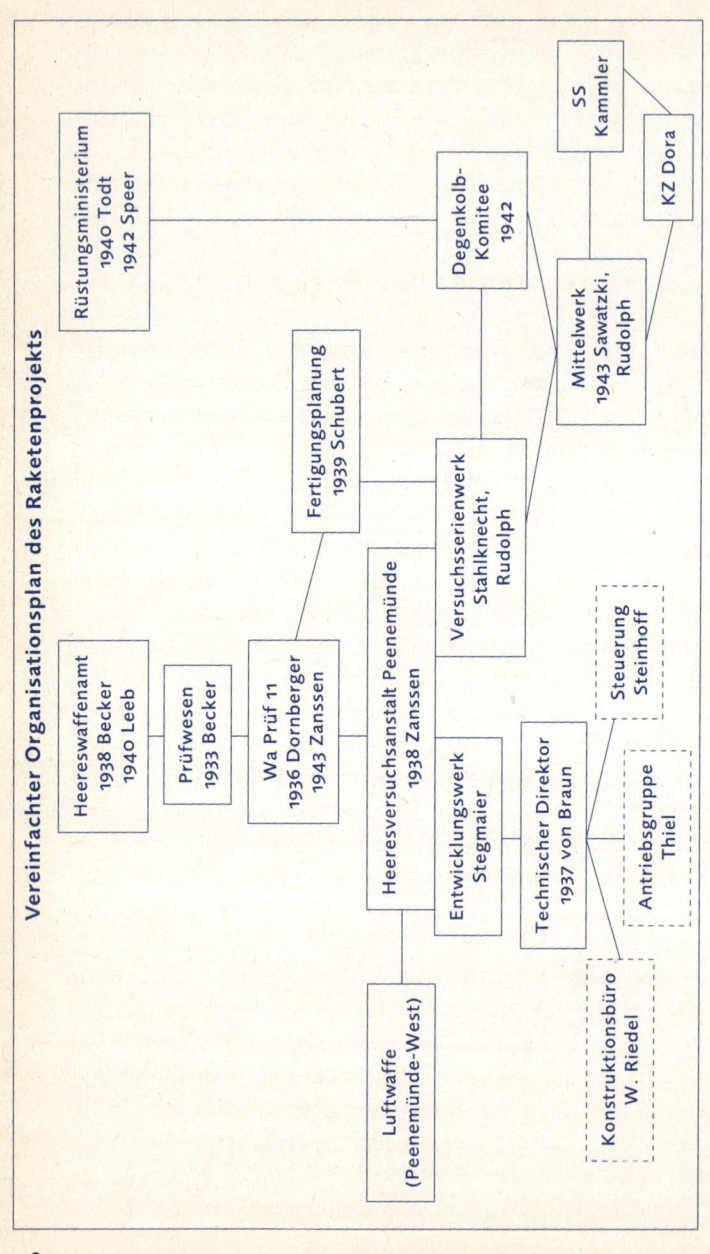

Vereinfachter Organisationsplan des Raketenprojekts

Rüstungsministerium
1940 Todt
1942 Speer

Degenkolb-Komitee 1942

SS Kammler

KZ Dora

Mittelwerk
1943 Sawatzki, Rudolph

Fertigungsplanung 1939 Schubert

Versuchsserienwerk Stahlknecht, Rudolph

Heereswaffenamt
1938 Becker
1940 Leeb

Prüfwesen
1933 Becker

Wa Prüf 11
1936 Dornberger
1943 Zanssen

Heeresversuchsanstalt Peenemünde
1938 Zanssen

Entwicklungswerk Stegmaier

Technischer Direktor
1937 von Braun

Steuerung Steinhoff

Antriebsgruppe Thiel

Luftwaffe (Peenemünde-West)

Konstruktionsbüro W. Riedel

38

im Januar 1939 eine Unterabteilung im HWA ein, deren Aufgabe die Fertigstellung einer Raketenfabrik in Peenemünde bis zum Jahre 1943 war. Dieses «Versuchsserienwerk» sollte jährlich 1500 A 4 und 500 A 10, das viermal stärkere Nachfolgemodell, produzieren. Es war Dornberger und nicht Hitler, wie es Dornbergers Memoiren und die darauf basierende legendenbildende Literatur suggeriert, der das Raketenprojekt in Schwierigkeiten brachte, weil nun parallel zur ohnehin aufwendigen Entwicklung der A 4 noch der Kampf um den Bau einer Raketenfabrik geführt werden mußte.

Die Gesamtsituation war für Dornbergers Planungen eher ungünstig, denn Arbeitskräfte und Materialien waren kaum verfügbar. Die einzige Chance war ein Führerbefehl, der Peenemünde die höchste Priorität verlieh. Für den 23. März 1939 wurde daher ein Besuch Hitlers arrangiert, der in Begleitung von Becker und Walter von Brauchitsch, dem Generalstabschef des Heeres, in die Peenemünde-Dependance in Kummersdorf kam. Von Braun fiel wie immer bei derartigen Anlässen die Aufgabe zu, das Raketenprojekt vorzustellen. Er konnte seine Zuhörer in den Bann ziehen und komplizierte technische Zusammenhänge für Laien verständlich präsentieren, wobei er zur Veranschaulichung gern Raketenmodelle und farbige Grafiken verwendete. Sein gesamtes Auftreten machte ihn zu einem Aushängeschild des Raketenprojekts. Seine Kollegen nannten ihn im Scherz den «Büttenredner der Weltraumfahrt»[50].

Aber Hitler blieb ungerührt. *Ich hatte den Eindruck, daß Hitler von unserem «A 5», auf das wir so stolz waren, überhaupt nichts hielt*[51], berichtete von Braun später. Zudem wurde er das Gefühl nicht los, daß Hitler von seinen Präsentationen nicht viel verstanden hatte. Dies war für das Raketenteam eine ungewohnte Erfahrung. Dornberger konnte es nicht fassen, «daß ein Mensch beim Anblick der mit ungeheurer Geschwindigkeit in leuchtenden Farben aus den Raketendüsen schießenden Gasmassen, dem grollenden Donner der sichtbar gemachten Energien weder begeistert noch gepackt oder mitgerissen» wurde. Wer nicht der Euphorie für die Rakete anheimfiel, war aus Dornbergers Sicht rückständig und unmodern: «Ich war mir klar darüber, daß

Walter Dornberger an seinem Schreibtisch in Peenemünde

Hitler [...] ihre Bedeutung für die Zukunft nicht verstand. [...] Ihm fehlte doch das Gefühl für den Fortschritt der Technik [...].»[52]

Hitler hatte eigene Pläne, zu deren Durchsetzung er die Raketentechnik jedoch nicht benötigte. Anfang 1939 war sein vorrangiges Ziel, Deutschland in kurzer Zeit auf einen großen Krieg vorzubereiten. Dornberger hatte von Braun deshalb instruiert, auf keinen Fall das Thema Raumfahrt anzuschneiden, sondern sich auf die militärisch relevanten Aspekte der Raketentechnik zu konzentrieren. An diesem Punkt hakte Hitler auch ein, indem er sich nach der Nutzlast der A-5-Rakete erkundigte. Die Antwort lautete: *Das «A 5» ist nur eine Forschungsrakete. Sie kann keine nennenswerte Nutzlast tragen. [...] Aber alle Experimente, die wir mit diesem Typ in Peenemünde gemacht haben, zeigen sehr deutlich, daß größere Raketen für militärische Zwecke gebaut werden können.*[53] Das Raketenteam hatte außer leeren Versprechungen nichts in der Hand, was Hitler dazu hätte bewegen können, die Produktion im großen Maßstab in Gang zu setzen.

Insofern ist es eher verwunderlich, daß Hitler die Entwicklungsarbeiten in Peenemünde unbehindert weiterlaufen ließ und lediglich die Zustimmung zur Vorbereitung der Serienproduktion verweigerte. Dennoch resümierte von Braun den Hitler-Besuch in düsteren Farben: *Ich konnte nach diesem Besuch in Kummersdorf voraussehen, daß wir sehr großen Problemen gegenüberstanden. Wer Hitler nicht auf seiner Seite hatte, mußte sich auf alles gefaßt machen. Woher sollten wir künftig Geld und Unterstützung bekommen, wenn Hitler unsere Raketen mehr als skeptisch betrachtete?* [54] Von Braun hatte, im Gegensatz zu anderslautenden eigenen Aussagen, einen klaren Blick für die politischen Realitäten: Er wußte, daß er seine Arbeit nur fortsetzen konnte, wenn er mit dem Nazi-Regime kooperierte und Kriegsraketen baute. Das Thema Raumfahrt mag in seinen Phantasien und Träumen noch eine Rolle gespielt haben; die Wirklichkeit sah ab 1936, spätestens ab 1939 jedoch völlig anders aus.

Dornberger gelang es trotz des unbefriedigenden Verlaufs des Hitler-Besuchs, die Probleme aufzufangen, die mit Kriegsbeginn, vor allem mit den Einberufungen, auf Peenemünde zukamen. Der Verlust wichtiger Mitarbeiter ließ sich nur vermeiden, wenn das Raketenprojekt in die Kategorie kriegswichtiger Vorhaben aufgenommen wurde. Von Brauchitsch ließ sich zu diesem Schritt bereits wenige Tage nach Kriegsbeginn, am 5. September 1939, bewegen, verlangte aber als Gegenleistung von Dornberger, die Entwicklung der A 4 und den Bau der Raketenfabrik derart zu beschleunigen, daß die Raketenfertigung bereits im September 1941 anlaufen konnte. Dornberger ging auf dieses riskante Spiel ein, womit das Projekt allerdings «unter den Druck von Terminen [geriet], die ohne jeden Realitätsbezug aus politischen Gründen gesetzt wurden» [55].

Um die Unterstützung durch das Regime nicht zu verlieren, mußten von Braun und seine Mitarbeiter die Entwicklung einer kriegstauglichen Rakete erheblich beschleunigen und zudem den zweiten Schritt (Fertigung) vor Abschluß des ersten (Entwicklung) tun. Das Raketenteam hatte sich, geführt von Dornberger, in eine Situation manövriert, die immer auswegloser wurde, je länger der Krieg dauerte. Man erfüllte seine Pflicht und dachte über die Folgen nicht weiter nach. Die späteren Legenden vereinfachen diese Zusammenhänge in unzulässiger Weise, indem sie Hitler für alle Probleme verantwortlich machen. Man habe, so Dornberger, Peenemünde «nur gerade soviel zugeteilt, daß wir mühsam leben konnten»[56]. Ähnlich formulierte es von Braun: *Man glaubte einfach nicht an unsere Arbeit. [...] Es sah so aus, als müßten wir bald unseren Laden dichtmachen.*[57] Was Peenemünde widerfuhr, waren allerdings keine gezielten Einschnitte, sondern die Auswirkungen des Kriegsbeginns, die sich hier ebenso wie woanders bemerkbar machten. Erstaunlicherweise überstand Peenemünde diese turbulente Zeit nicht nur unbeschadet, sondern konnte sie sogar zu einem Ausbau seiner Kapazitäten nutzen. Der Personalstand stieg von 400 Mitarbeitern (Anfang 1938) auf 1200 (September 1939) und 3500 (Ende 1941). Von einer Vernachlässigung oder drohenden Schließung des Raketenforschungszentrums konnte kaum die Rede sein.

Auch ein erneuter Versuch im November 1939, die Genehmigung für höhere Stahlquoten zu bekommen, scheiterte, weil Hitler an seiner Politik festhielt, keine über die bisherigen Planungen hinausgehenden Vorhaben zu unterstützen. Er blieb seiner Linie treu, in die Produktion erst einzusteigen, nachdem die Rakete ihre Tauglichkeit unter Beweis gestellt hatte. In späteren Darstellungen wird dies geradezu auf den Kopf gestellt. Dort heißt es beispielsweise: «Doch Hitler streicht am 23. November 1939 die Hälfte der Materialzuteilung für Peenemünde und bringt damit das ganze Projekt fast zum Erliegen.»[58] Genauso falsch ist die immer wiederkehrende Behauptung, Hitler habe im Frühjahr 1940 Peenemünde «aus der Dringlichkeitsliste»[59] gestrichen. Hitler teilte den grenzenlosen Enthusiasmus nicht, von dem das Raketenteam beseelt war; aber er ließ Peenemünde gewähren. Dornberger sah dies anders, hatte er doch sein Schicksal von einem raschen Fortschritt nicht nur der Raketenentwicklung, sondern auch der Serienproduktion abhängig gemacht. Dies mag erklären, warum er empfindlich auf alle Maßnahmen reagierte, die die Durchsetzung seines Maximalprogramms in Frage stellten.

Peenemünde mußte immer wieder mit drohenden Kürzungen fertig werden und seine Einstufung als kriegswichtiges Projekt verteidigen. Diese chaotische Situation blieb Dauerzustand in den Jahren 1940/41, aber die Existenz der Heeresversuchsanstalt stand niemals ernsthaft in Frage. Die Entwicklung der

A-4-Rakete blieb trotz ihres zweifelhaften militärischen Werts ein kriegswichtiges Projekt. Ein Führerbefehl vom Februar 1941 bestätigte nochmals, daß die Entwicklungsarbeiten in Peenemünde höchste Priorität besaßen und daher umfassend gefördert wurden.

Dies ist erstaunlich, denn das HWA mußte sich zunehmend Kritik gefallen lassen, weil es ihm nicht gelang, seine Hauptaufgabe zu lösen: die Versorgung der kämpfenden Truppen mit Waffen und Munition. Der Nachschub an die Front stockte, weil dringend benötigte Ressourcen nach Peenemünde geleitet wurden. Als Hitler dies nicht mehr tolerieren konnte, ernannte er im März 1940 Fritz Todt zum Rüstungsminister mit der Aufgabe, die Engpässe in der Waffenproduktion zu beseitigen. Dies war ein offener Affront gegen das HWA. Becker zog aus der Kritik und den Vorwürfen am 8. April 1940 die Konsequenz, seinem Leben ein Ende zu bereiten. Peenemünde hatte damit einen prominenten Fürsprecher verloren. Beckers Nachfolger Emil Leeb erwies sich allerdings als ein ebenso eifriger Förderer der Raketenforschung.

Vom neugeschaffenen Rüstungsministerium drohte jedoch ernsthaft Gefahr; denn Todts Aufgabe war die Reorganisation der Kriegswirtschaft vor allem mit Blick auf die geplanten Überfälle auf die Sowjetunion und Großbritannien. Er hielt seine Kritik an dem Raketenprogramm, insbesondere am verschwenderischen Luxus, der in Peenemünde getrieben wurde, nicht zurück: «In Peenemünde schafft man heute ein Paradies. Die Unterkünfte, die Sozialeinrichtungen, Kasinos und Wohnungen, die Lagerhallen, die Fabrikhallen, all dies stellt das Höchstmaß von Aufwand dar, an den man überhaupt denken kann. Ich bin überzeugt, daß die 5.500 Bauarbeiter vollkommen ausreichen würden, ein weit größeres Programm in verhältnismäßig kurzer Zeit durchzuführen, wenn das nur gebaut wird, was zur Erreichung eines Kriegszieles notwendig ist.»[60]

Angesichts dieser bedrohlichen Situation ersann Dornberger eine neue Vermarktungsstrategie für das Projekt. Um die Bedeutung der A-4-Rakete für die bevorstehenden Auseinandersetzungen mit England und den USA hervorzuheben, entwickelte

Walter Dornberger und Wernher von Braun

er Mitte 1941 das Konzept der Terrorangriffe auf britische Städte und erfand zugleich die «Amerika-Rakete» A 9, eine Interkontinentalrakete, mit der amerikanische Großstädte beschossen werden sollten. Taktisch geschickt paßte er das Raketenprojekt der veränderten militärischen Situation an und warb so erneut um die Gunst der Nazi-Führung. Dornberger war ein geschäftstüchtiger Macher, der ein großes Verkaufstalent besaß. Allerdings mußte er immer wieder neue Versprechungen machen, bevor die alten eingelöst waren, denn die A 4 befand sich noch in der Entwicklung. Von Braun war der Leidtragende; auf ihm lastete der Druck, unrealistische Zeitpläne zu erfüllen.

Auch in dieser kritischen Situation suchte das Raketenteam den direkten Kontakt zu Hitler, um eine Entscheidung über die Zukunft des Raketenprogramms von höchster Stelle herbeizuführen. Am 20. August 1941 wurden Dornberger und von Braun zum Vortrag im Führerhauptquartier vorgelassen. Hitler reagierte diesmal positiver; offenbar hatte Dornberger mit dem Konzept einer Terrorwaffe gegen Großbritannien die empfindliche Stelle seines Kriegsherrn getroffen, der durch die verlorene Luftschlacht um England erstmals eine militärische Niederlage erlebt hatte. Hitler betonte nunmehr, «daß diese Entwicklung von revolutionierender Bedeutung für die Kriegsführung der ganzen Welt sei. Ein Einsatz von wenigen tausend Geräten pro Jahr sei deshalb unklug. Wenn es zum Einsatz komme, dann müßten Hunderttausende von Geräten pro Jahr gefertigt und verschossen werden können.»[61] Diese Zahlen waren angesichts des technischen Entwicklungsstandes des Jahres 1941 sowie des gigantischen Produktionsaufwandes, der für die Herstellung derartiger Stückzahlen erforderlich gewesen wäre, völlig absurd.

Aber Dornberger hatte sein Ziel erreicht. Hitler verlieh mit Befehl vom 15. September 1941 sowohl der Entwicklung der A-4-Rakete als auch der Vorbereitung der Serienfertigung die höchste Dringlichkeitsstufe, behielt sich allerdings vor, den endgültigen Befehl zur Massenproduktion erst dann zu erteilen, «wenn die angegebenen errechneten Daten für die ersten Einsatzgeräte sich in der Praxis bestätigt»[62] hätten. Er blieb seiner Linie treu. Dornbergers Pläne, so wirklichkeitsfremd sie auch sein mochten, hatten nunmehr den Segen von höchster Stelle; dies bedeutete maximale Unterstützung durch alle Dienststellen des nationalsozialistischen Staates. Es ist bemerkenswert, daß Dornbergers Memoiren wie auch andere, von Ex-Peenemündern verfaßte Darstellungen den aktenmäßig gut dokumentierten Vortrag bei Hitler und den darauf folgenden Führerbefehl unterschlagen. Auch von Braun macht hier keine Ausnahme; in einer Schilderung eines Besuchs bei Hitler im Jahre 1943 heißt es: *Zum letztenmal hatte ich ihn 1939 in Kummersdorf gesehen.*[63] Dies entspricht nicht der historischen Wahrheit. Hätte er sein Paktieren mit Hitler offen eingestanden, wäre allerdings die Legende, man sei vom Regime bis 1943 sträflich vernachlässigt worden, nicht haltbar gewesen, mit der er nach 1945 seinen Kopf aus der Schlinge zog.

Zugleich heißt es jedoch auch, der Einsatz der V 2 habe sich wegen dieser Behinderungen derart verzögert, daß sie (Nazi-) Deutschland nicht mehr vor dem Untergang habe retten können. Das Gegenteil trifft zu: Die Bedingungen für die Raketenforschung waren optimal, aber es waren noch viele technische Probleme zu lösen, und zudem war eine nicht atomar bestückte Kurz-

Rüstungsminister Fritz Todt (vordere Reihe, dritter v. l.) zu Besuch in Peenemünde, 1941. Rechts neben ihm Walter Dornberger; siebter v. l. Wernher von Braun. Zweiter v. l. General Leeb, rechts dahinter Bauleiter Heinrich Lübke, später Präsident der Bundesrepublik Deutschland

streckenrakete militärisch wertlos. Dornberger hätte dies wissen müssen, aber er war so fixiert auf sein Projekt, daß er zu keiner nüchternen Kosten-Nutzen-Analyse in der Lage war. Die Mär von der Wunderwaffe, die das Nazi-Regime hätte retten können, verrät einiges über das Verhältnis der Raketenforscher zum Nationalsozialismus. Immer wieder heißt es, daß «das Schicksal der Welt vermutlich sehr viel anders verlaufen»[64] wäre, wenn Hitler die Bedeutung der Rakete rechtzeitig erkannt hätte. Die alliierte Offensive des Jahres 1944, welche die endgültige Niederlage Deutschlands einläutete, hätte sich beispielsweise mit Hilfe der

V 2 verhindern lassen. Selbst im nachhinein bedauerten die Raketenforscher, daß es ihnen nicht gelungen ist, das Hitler-Regime zu retten. Sie waren Patrioten, die für ihr Vaterland mehr als ihre Pflicht taten – und damit hatten sie weder vor noch nach 1945 Probleme.

Die treibende Kraft in den Jahren ab 1941 war Dornberger; er traf die zentralen Entscheidungen und trieb das Raketenprojekt energisch voran. Es gab eine Arbeitsteilung derart, daß Dornberger in Berlin das politische Tagesgeschäft erledigte und von Braun in Peenemünde die Entwicklungsarbeiten leitete. Die Beziehung der beiden Schlüsselfiguren des Peenemünder Raketenprojekts war innig, aber nicht gänzlich konfliktfrei, denn sie verfolgten teils unterschiedliche Interessen. Dornbergers Ziel war die rasche Fertigstellung einer Kriegsrakete, wobei er manche Probleme unterschätzte. Von Braun war hingegen primär an der Forschungs- und Entwicklungsarbeit interessiert, wobei das Ziel einer einsatzfähigen Rakete oftmals in den Hintergrund rückte, wenn reizvolle neue Themen auftauchten. Im Herbst 1941, als zwei A 4 auf dem Prüfstand explodiert waren, schickte Dornberger ein scharf formuliertes Memorandum nach Peenemünde, in dem er von Braun aufforderte, bei den ersten dreißig Versuchen mit jedem Gerät persönlich anwesend zu sein, weil «es um Leben und Tod» [65] von Peenemünde gehe. Ihn erregte besonders, daß von Braun auf eigene Faust durch das Land reiste und immer wieder Projekte mit der Luftwaffe diskutierte. Dornberger mußte darauf dringen, daß sich alle Kräfte auf die Fertigstellung der A-4-Rakete konzentrierten. Denn er hatte sich mit überoptimistischen Versprechungen weit vorgewagt und stand unter großem Erfolgsdruck.

Auch bezüglich der Frage der Raumfahrt gab es deutliche Differenzen, denn von Braun nutzte das «Paradies» Peenemünde, um sich Freiräume für die Verfolgung futuristischer Ideen zu schaffen. Im Sommer und Herbst 1941 wurde viel Arbeit in die Interkontinentalrakete A 9/A 10 und in bemannte A 9 investiert. Dornberger stand derartigen Zukunftsprojekten skeptisch gegenüber, auch wenn er später nicht müde wurde zu betonen, daß wir «von Anfang an den Weltraum erreichen» wollten. Im Jahre 1941 waren derartige Planungen für ihn jedoch indiskutabel. Er kritisierte an von Braun, daß er «im Großen, Gewaltigen, Unermeßlichen, weit in der Zukunft Liegenden» schwelgte. «Ich mußte ihn bremsen [...]. Immer wieder mußte ich ihn auf den Boden der harten Tatsachen, in den Alltag zurückführen.»[66]

Von Braun verfolgte das Projekt der Kriegsrakete nicht mit der Ausschließlichkeit, wie sein Vorgesetzter es verlangte. Andererseits fehlte Dornberger das Verständnis für die komplizierten Probleme, die das Peenemünder Team zu lösen hatte. Der Anfang 1942 vorgebrachtete Vorwurf, man konstruiere ein «fliegendes Laboratorium»[67], statt die Massenproduktion vorzubereiten, verdeutlicht, wie wenig er begriff, was in Peenemünde vor sich ging. Denn das Raketenteam machte enorme Fortschritte, wozu von Brauns engagierter Einsatz und sein Führungsstil wesentlich beitrugen. Aber Kreativität läßt sich nicht auf dem Verordnungswege erzwingen. Dennoch zog Dornberger die Zügel straffer und befahl die Konzentration aller Arbeiten auf die A-4-Rakete mit dem Ziel, den ersten Start Anfang 1942 durchzuführen. Von Braun stand ab Herbst 1941 unter dem Druck, eine funktionsfähige Rakete fertigzustellen. Lediglich unter der Hand wurden einige Zukunftsprojekte weitergeführt.

Er gab diesen Druck an sein Team weiter, aber er tat dies auf seine eigene Art. Unnachgiebig bestand er darauf, daß die Aufträge erfüllt würden, was ein hohes Arbeitspensum erforderte. Freizeit gab es kaum. In den Labors standen Feldbetten für kurze Schlafpausen zwischen den Tests. Dieses verrückte Leben war die Quelle für den Geist von Peenemünde, jenen Mythos einer verschworenen Männergemeinschaft, die durch einen gemeinsamen Kraftakt etwas Außergewöhnliches vollbringt. Die Identifikation mit dem gemeinsamen Erzeugnis schlug sich in rituellen Handlungen nieder: So wurden beispielsweise auf die startfertig aufgerichteten Raketen Pin-up-Girls gemalt – eine Praxis voll phallischer Symbolik, die später auch in den USA beibehalten wurde.

Mit dem Führerbefehl vom September 1941 zur Vorbereitung der Serienproduktion und der Disziplinierung von Brauns durch Dornberger war der Weg vorgezeichnet, den das Raketenprojekt in den nächsten Jahren beschreiten sollte. Das Ziel war nunmehr die Massenherstellung einer funktionsfähigen Kriegsrakete und nicht mehr die Grundlagenforschung im Bereich von Flüssigkeitsantrieben. Das Projekt hatte zudem die volle Unterstützung des Nazi-Regimes, brauchte also Irritationen wie in den Jahren zuvor nicht mehr zu befürchten.

Trotz Hitlers Forderung nach einer Produktion von Hunderttausenden von Raketen pro Jahr setzte Dornberger Ende 1941 die Produktionszahlen eigenmächtig auf 5000 pro Jahr fest. Dies war immer noch eine enorm hohe Zahl, die mit den Kapazitäten des im Aufbau befindlichen Versuchsserienwerkes in Peenemünde nicht zu bewältigen war. Es wurden daher weitere Raketenfabriken geplant. Zunächst tat sich jedoch wenig; das Chaos des Krieges und der Kriegswirtschaft verhinderte eine rasche Realisierung der ehrgeizigen Pläne, und Peenemünde war vollauf mit den Startvorbereitungen für die A 4 beschäftigt. Erst der erfolgreiche Start im Oktober 1942 gab Dornberger die Gelegenheit, den Antrag zur Genehmigung der Serienproduktion wieder vorzubringen. Wegen zunehmender Kritik aus Industrie, Militär und politischer Führung stand er unter großem Druck. Zudem hatte die Luftwaffe mit der Flugbombe Fi 103 (der späteren V 1) ein Konkurrenzprojekt begonnen, das schneller vorankam und zudem erheblich billiger war.

Mittlerweile hatten sich jedoch die Kräfteverhältnisse innerhalb des Nazi-Regimes verschoben. Das Rüstungsministerium war stärker geworden, und Albert Speer, der Nachfolger des im Februar 1942 verunglückten Todt, setzte dessen Konzept der Reorganisation der Rüstungswirtschaft noch energischer fort. Speer war einerseits ein Glücksfall für Peenemünde, denn er stand der Raketentechnik aufgeschlossen gegenüber und hatte zudem direkten Zugang zu Hitler. Andererseits ergaben sich aus dieser Konstellation Konflikte zwischen HWA und Rüstungsministerium, die schließlich zu einem Machtverlust des HWA führten. Das Raketenprojekt gewann damit eine neue Dynamik. Am 22. November 1942 erhielt Speer von Hitler die Genehmigung zur Massenproduktion der A 4. Den Hintergrund für diese Entscheidung bildete die dramatische Wende des Kriegsverlaufs, die mit der russischen Gegenoffensive bei Stalingrad eingeleitet wurde. In dieser ausweglosen Situation griff Hitler nun nach der Wunderwaffe, die Dornberger und von Braun ihm stets angepriesen hatten.

Es sollte aber noch fast zwei Jahre dauern, bis aus dem Prototyp ein einsatzfähiges Serienprodukt wurde. Ende 1942 war, wie Wernher von Braun später feststellte, *die Zielgenauigkeit noch unbefriedigend; dies begrenzte den Einsatz der Rakete auf großflächige Ziele, an erster Stelle London* [68]. Vom «fliegenden Labor» zur Kriegswaffe, die in großen Mengen produziert werden konnte, war es noch ein weiter Weg. Vor allem war die A 4 nach wie vor militärisch wertlos, weil man das eigentliche Problem, den Sprengkopf mit einer hinreichenden Genauigkeit ins Zielgebiet zu lenken, noch nicht gelöst hatte. Der Übergang zur Serienproduktion war überhastet und verursachte noch viele Komplikationen.

Sklavenarbeit (1943–1944)

Albert Speer übernahm die Vorbereitung der Serienproduktion der A-4-Rakete und krempelte zudem die Organisation des Raketenprojekts um. Im Dezember 1942 richtete er den «Sonderausschuß A 4» unter Leitung von Gerhard Degenkolb ein, dessen Aufgabe es war, die Produktion der A 4 zu koordinieren. Dornbergers Kompetenzen wurden eingeschränkt, und auch das Peenemünder Raketenteam wurde stärker in die A-4-Produktion eingebunden, als es von Braun recht war, der Leiter des Unterausschusses für die Endabnahme der A 4 wurde. Dornberger versuchte vergeblich, die Beschneidung seines Einflußbereiches zu verhindern. Das Verhältnis zwischen Rüstungsministerium und Peenemünde blieb stets getrübt. Dornberger mußte sich beispielsweise den Vorwurf gefallenlassen, daß die «Führung des Werkes [in Peenemünde] versagt»[69] hat. Und von Braun tat seine Abneigung mit den Worten kund, daß *das [Degenkolb-]Komitee [...] für Peenemünde eine Quelle steten Verdrusses*[70] war.

Dornberger hatte zwar endlich sein Ziel, den Start der Serienproduktion, erreicht, aber nun profitierten andere davon. Er wurde Opfer seiner eigenen Vermarktungsstrategie, und das Raketenteam hatte die Konsequenzen zu tragen. Degenkolb setzte von Braun unter noch stärkeren Druck, indem er einen völlig unrealistischen Produktionsplan festlegte, der die drei Werke in Peenemünde, Friedrichshafen und Wien dazu verpflichtete, von Dezember 1943 an 300 Raketen pro Werk monatlich zu produzieren. In Peenemünde kam es daraufhin zur Rebellion. Der Leiter der Antriebsgruppe, Walter Thiel, bat um seine Entlassung; er sei geistig und körperlich total erschöpft. Andere schlossen sich an, und von Braun und Dornberger hatten große Mühe, ihre Mitarbeiter zum Bleiben zu bewegen.

Aber es kam noch schlimmer: Das aktive Werben um die Gunst der Nazi-Führung hatte auch Heinrich Himmler, den Chef der SS, auf das Raketenprojekt aufmerksam gemacht. Die SS wurde in den letzten Kriegsjahren immer mächtiger und gewann vor allem durch den unerschöpflichen Vorrat an billigen Arbeitskräften, den sie in Form von Millionen KZ-Häftlingen besaß, erheblichen Einfluß auf die Rüstungswirtschaft. Am 11. Dezember 1942 besuchte Himmler die Heeresversuchsanstalt Peenemünde, wo er die übliche «Show» (A-4-Start, Film, Von-Braun-Vortrag) geboten bekam. Dornberger glaubte, er könne Himmler als Mittelsmann nutzen, um einen Vortrag bei Hitler zu arrangieren. Wieder einmal versuchte er, durch direkten Zugang zu Hitler Widerstände aus dem Weg zu räumen und die Machtbalance zu seinen Gunsten zu verschieben. Ob dies eine kluge Strategie war, sei dahingestellt, denn Peenemünde stand in der höchsten Prioritätsstufe und bekam eine optimale Förderung, unter anderem weil Speer dem Vorhaben wohlwollend gegenüberstand. Letztlich erwies Dornberger dem Raketenprojekt einen Bärendienst; denn von nun an hatte von Braun die SS im Hause, die er nicht mehr loswurde und die ihn immer deutlicher spüren

Die SS-Stammrolle
Wernher von Brauns

ließ, wer die Fäden in der Hand hatte.

Allerdings war die Trennlinie zwischen Peenemünde und der Terrororganisation SS ohnehin immer unschärfer geworden. Einige Peenemünder waren nicht nur NSDAP-, sondern auch SS-Mitglied. Von Braun, seit 1937 Parteimitglied, war am 1. Mai 1940 – offenbar unter Druck – der SS beigetreten und danach mehrfach befördert worden. Dies war ein Verfahren, mit dem die SS bestimmte Personen an sich band. Von Braun hatte diesen Schritt vermutlich mehr aus Opportunismus denn aus Überzeugung getan, und er benutzte seine SS-Uniform, wie Fotos aus Peenemünde belegen, recht selten.

Eine Annäherung an die SS ergab sich auch aus der Tatsache, daß Peenemünde für die Produktion der A-4-Rakete große Mengen Arbeitskräfte benötigte. Die einzigen Reserven, die angesichts eines Millionen-Heeres an der Front und einer auf

Heinrich Himmler in Peenemünde; rechts neben ihm
Walter Dornberger

Hochtouren laufenden Rüstungsproduktion zur Verfügung standen, waren KZ-Häftlinge. Bereits Anfang 1942 hatte das HWA
den Einsatz von Häftlingen erwogen; und am 16. April 1943 reg-
te der Chefingenieur des Peenemünder Versuchsserienwerks, Arthur Rudolph, an, daß die Serienfertigung der A 4 «mit Häftlingen durchgeführt werden»[71] kann. Die Initiative für den Häftlingseinsatz ging also vom Raketenteam und nicht, wie spätere
Darstellungen suggerieren, von der SS bzw. von Hitler aus.

Am 2. Juni 1943 übergab Rudolph dem Degenkolb-Komitee
die «vorerst auf 1400 lautende Anforderung an Häftlingen»; der
«maximale Häftlingseinsatz [...] soll 2500 Mann betragen [...]»[72].
Das erste Kontingent traf bereits Mitte Juni in Peenemünde ein.
Die Lebens- und Arbeitsbedingungen unterschieden sich nicht
von denen anderer Konzentrationslager. Die Menschen wurden
wie Vieh behandelt und schlecht ernährt, mußten aber dennoch
hart arbeiten. Da für sie keine Wohnbaracken existierten, schlie-

fen sie in der Fertigungshalle. Seit Juni 1943 existierte also in Peenemünde ein KZ, was belegt, daß die deutsche Raketenforschung bereits zu diesem Zeitpunkt «tief verstrickt in die Funktions- und Herrschaftsmechanismen des NS-Regimes»[73] war.

Vor diesem Hintergrund fand am 28. Juni 1943 der zweite Besuch Himmlers in Peenemünde statt, von dem Dornberger sich die Vermittlung eines Treffens mit Hitler erhoffte. Auf was die Raketenbauer sich dabei einließen, hatte Himmler am 6. Mai deutlich gemacht, als er den Kommandeur von Peenemünde, Leo Zanssen, als Sicherheitsrisiko einstufte und von seinem Posten entfernte. Damit hatte er klargestellt, wer auf lange Sicht in Peenemünde das Sagen haben würde. Die SS schickte sich ungeniert an, das Raketenprogramm zu übernehmen. Die Peenemünder saßen in der Falle, denn sie waren wegen des Arbeitskräftemangels von der SS abhängig.

Immerhin konnte das ersehnte Treffen mit Hitler am 8. Juli 1943 stattfinden, und von Braun und Dornberger führten ihrem obersten Kriegsherrn den Film vom erfolgreichen Erststart der A 4 im Oktober 1942 vor. Hitler war nunmehr derart fasziniert von der Idee, mit einem Schlag doch noch eine Wende des Krieges herbeizuführen, daß er in einer Weise zu phantasieren begann, die selbst von Braun und Dornberger stutzig machte. *Als er ihn [den Film] sah, war er entzückt. Anschließend schritt er im Raum auf und ab und redete mit den Wänden. In seiner Phantasie schoß er tausende Raketen auf einmal ab, wobei er geräuschvoll Explosionen imitierte. Diese Aussicht schien ihm zu gefallen. Auf einmal wurde die V 2 seine persönliche Entdeckung.*[74] Dennoch muß Hitler klar gewesen sein, daß die A 4 nicht die kriegsentscheidende Wunderwaffe war, denn er fragte, ob man «die Nutzlast nicht auf 10 t und die monatliche Stückzahl auf 2000 erhöhen» könnte. Und als die Antwort nicht zufriedenstellend ausfiel, brüllte er: «Aber ich will vernichtende –, ich will vernichtende Wirkung!»[75] Dornbergers Marketing-Strategie hatte Wirkungen hervorgerufen, die nicht mehr zu kontrollieren waren.

Von Braun erhielt bei der Gelegenheit seine Ernennung zum Professor, die Hitler eigenhändig unterschrieben hatte. Ansonsten war die Wirkung des Besuchs gering. In der legendenbildenden Literatur heißt es zwar, erst dieses Treffen habe – viel zu spät, um noch kriegsentscheidend zu wirken – den Durchbruch für das Raketenprogramm gebracht. Der einzige erkennbare Effekt war jedoch Hitlers Auftrag an Speer, die Raketenproduktion so schnell wie möglich voranzutreiben – aber dies war ohnehin Speers Politik. Im Juli 1943 waren die Vorbereitungen für die In-gangsetzung der Serienproduktion in Peenemünde abgeschlossen. Das Versuchsserienwerk stand, und die Versorgung mit Arbeitskräften und Material war gesichert.

In der Nacht vom 17. zum 18. August 1943 griff die britische Luftwaffe jedoch Peenemünde an und zerstörte einen Teil der Anlagen, darunter auch Teile des Versuchsserienwerks. Die Alliierten hatten zwar schon 1939 Hinweise auf die deutschen Raketen-Aktivitäten erhalten, diese aber zunächst nicht ernst genommen. Erst im Juni 1943 erbrachte die Luftaufklärung zweifelsfreie Beweise. Daraufhin erteilte der britische Premier Winston Churchill den Befehl für einen Großangriff auf Peenemünde. Die Heeresversuchsanstalt hatte zwar den üblichen Schutz gegen Luftangriffe; als großflächiger Rüstungskomplex war sie dennoch ein lohnendes Ziel. Der Glaube an die perfekte Geheimhaltung hatte zudem leichtsinnig gemacht. Man hatte sich an die Bombergeschwader gewöhnt, die auf ihrem Weg nach Berlin Peenemünde häufig überflogen. Die «Herren [...] schauen in den hellen Himmel, machen Witze [...]»[76], so beschreibt Dorette Kersten, von Brauns Sekretärin, die Stimmung kurz vor dem Einschlag der ersten Bomben. Die Briten überlisteten die deutsche Luftabwehr, indem sie einen Angriff auf Berlin simulierten, die deutschen Abfangjäger dorthin lockten und ihre Bomben dann über Peenemünde abwarfen. Die Heeresversuchsanstalt stand in Flammen, und Wernher von Braun rettete gemeinsam mit seiner Sekretärin in einer waghalsigen Aktion die wichtigsten Akten aus seinem Haus.

Bei Tageslicht betrachtet, waren die Schäden allerdings nicht so schlimm wie befürchtet. Insbesondere die wertvollen Teststände, Labors und Prüfeinrichtungen hatten den Angriff weitgehend unversehrt überstanden. Von den leitenden Wissenschaftlern war nur der Triebwerksspezialist Thiel ums Leben

Zerstörungen in Peenemünde nach dem britischen Luftangriff in der Nacht vom 17. auf den 18. August 1943

gekommen. Bei den 735 Toten handelte es sich überwiegend um Kriegsgefangene und Zwangsarbeiter, die im Lager Trassenheide lebten. Dieses Lager wurde wegen Fehlern bei der Zielmarkierung voll getroffen. Und was die britischen Bomben nicht erreichten, erledigten die SS-Leute. Wer sich vor dem Feuer und den Bomben retten wollte, wurde «von den SS-Wachmännern entweder angeschossen oder von Hunden zurückgehetzt»[77]. Der britische Bombenangriff ist die einzige Stelle in von Brauns Erinnerungen, in denen vom Einsatz von Zwangsarbeitern die Rede ist. Allerdings macht er die Briten für den Tod dieser Menschen verantwortlich, nicht aber diejenigen, die sie gezwungen hatten, für das deutsche Raketenprojekt zu arbeiten.[78]

Peenemünde hatte Glück im Unglück gehabt. Dennoch war die Verwundbarkeit des Raketenprojekts nunmehr offensichtlich. Um das Risiko künftiger Luftangriffe zu verringern, wurden etliche Anlagen in andere Orte verlagert. Es war nun nicht mehr möglich, ad hoc Arbeitsbesprechungen einzuberufen und die enge Zusammenarbeit fortzuführen, die das Raketenteam zuvor praktiziert hatte. Zudem mußten für die Serienproduktion unterirdische Fabrikationsstätten gefunden werden, weil nur sie einen effektiven Schutz gegen Luftangriffe boten. Für von Braun und sein Raketenteam war der alliierte Bombenangriff somit ein glücklicher Zufall derart, daß all die Grausamkeiten, die sich in der A-4-Produktion abspielten, fortan nicht unmittelbar neben ihren Labors stattfanden, sondern im «Mittelwerk» fernab im Harz. Diese erzwungene räumliche Trennung von Entwicklung und Produktion ermöglichte es später, jegliche Verantwortung für die unmenschliche Behandlung der KZ-Häftlinge von sich zu weisen.

Zudem lieferte der Luftangriff Himmler einen willkommenen Anlaß für einen weiteren Versuch, das Raketenprogramm unter seine Kontrolle zu bekommen. Er trat mit dem Vorschlag an Hitler heran, die A-4-Produktion in unterirdische Anlagen zu verlegen und dort KZ-Häftlinge einzusetzen, um eine bessere Geheimhaltung zu gewährleisten. Hitler stimmte zu, so daß Himmler bereits am 20. August 1943 Speer mit der Nachricht konfrontieren konnte, daß er den Bau der Untertagefabrik übernehme und als deren Leiter Hans Kammler einsetze. Kammler war ein SS-Offizier, der am Bau der Konzentrationslager Auschwitz und Majdanek beteiligt gewesen war und für seine Brutalität und Rücksichtslosigkeit bekannt war. Speer mußte die neue Arbeitsteilung akzeptieren, die seine Macht zwar einschränkte, ihm aber eine weitgehende Verantwortung für die Organisation und Durchführung der Produktion überließ. Die Entwicklungsarbeiten verblieben zudem unter der Regie des HWA in Peenemünde. Nach Speers Aussagen war diese Arbeitsteilung sehr effektiv: «Gerade durch diese Teilverantwortung der Fachleute aus der Industrie stach das Produktionsresultat von den ständigen Mißerfolgen der SS in den von ihr auch technisch geführten Konzentrationslagern ab.»[79]

Der Juli 1943 war also ein wichtiger Einschnitt in der Geschichte des Raketenprojekts. Die politischen Gewichte verschoben sich, und damit änderten sich auch die Rollen einiger Schlüsselfiguren. Dornberger wurde zu den Raketen-Einsatztruppen versetzt und trat damit in den Hintergrund, während von Braun in die Rolle des faktischen Chefs von Peenemünde hinein-wuchs, der zunehmend auch das politische Management betrieb, welches zuvor Dornbergers Aufgabe gewesen war. Ein Schreiben vom 25. April 1944, das er direkt an die Armeeführung richtete, verdeutlicht seine starke Stellung, die er mit Geschick gegen Versuche verteidigte, die Zuständigkeiten neu aufzuteilen und seine Position zu schwächen: *Jede Dezentralisation in der Gesamtregie führt nur zu einer Zerpflückung der Verantwortung.* Und er forderte: *In dem mir über-tragenen Gebiet möchte ich aber volle Verantwor-tung und Handlungsfreiheit haben und eine klare Aufteilung der Befehlsbefugnisse und Zuständigkei-ten.* Schließlich drohte er für den Fall einer In-fragestellung des Alles-unter-einem-Dach-Kon-zepts mit seinem Rücktritt, verbunden mit dem Gesuch der Freigabe *für den Einsatz bei der Trup-pe.*[80]

Wenige Wochen nach dem britischen Luftangriff konnten die Raketenforscher in Peenemünde ihre Arbeit wiederaufneh-men; und auch die Verlegung der Produktion ins «Mittelwerk» ging rasch voran. Am 28. August 1943 traf der erste Transport mit Häftlingen aus dem KZ Buchenwald in dem neu geschaffenen «Außenkommando Dora» ein; ihre Aufgabe war der Ausbau ei-nes Tunnelsystems in der Nähe von Nordhausen in Thüringen zu einer riesigen unterirdischen Fabrik, in der die Produktion der A-4-Rakete, der Fi-103-Flugbombe sowie einer Reihe von Militär-flugzeugen stattfinden sollte. Ende 1943 waren bereits 11 000 Häftlinge in dem Lager, das im Oktober 1944 in «KZ Mittelbau» umbenannt wurde. Mit allen Nebenlagern hatte es bis zu 32 500 Insassen, die unter menschenunwürdigen Umständen leben mußten; viele von ihnen wurden durch Schwerstarbeit und schi-kanöse Behandlung zu Tode gequält.

Häftlinge aus dem KZ Mittelbau-Dora bei Arbeiten
an der V 2 (A 4) im unterirdischen Stollen

Besonders brutal waren die Bedingungen in den ersten Mo-
naten, als die Häftlinge mit primitivstem Gerät, teils nur mit
ihren Händen, die Stollen in den Berg treiben mußten. Da
Kammler sich weigerte, Unterkünfte zu errichten, mußten sie in
Bretterverschlägen in den Stollen schlafen. Es gab weder Toilet-
ten noch Waschgelegenheiten, obwohl in Kalksandstein gearbeitet wurde. In ihrer Verzweiflung urinierten die Menschen in ihre
Hände, um sich das Gesicht waschen zu können. Kammler und
seine SS-Leute kannten keine Gnade. In den ersten sechs Mona-
ten starben etwa 6000 Menschen, die Hälfte davon im Mittelwerk, die andere Hälfte in den Vernichtungslagern, in die sie ver-
schafft wurden, wenn sie nicht mehr arbeitsfähig waren. In Dora

wurde Vernichtung durch Arbeit betrieben. Erst mit dem Ende der Sprengarbeiten, dem Ende des Winters und der Inbetriebnahme eines Barackenlagers verbesserte sich die Situation ein wenig. Die Todesrate sank auf etwa 140 Menschen im Monat.

In der Diskussion über diese dunkle Episode der deutschen Raketenforschung gibt es eine langanhaltende Kontroverse, ob von Braun am Einsatz der KZ-Häftlinge beteiligt war. Von überlebenden Häftlingen wurde er der Mittäterschaft bezichtigt. Adam Cabala erinnert sich beispielsweise folgendermaßen: «[...] auch die deutschen Wissenschaftler mit Prof. Wernher von Braun an der Spitze sahen alles täglich mit an. Wenn sie die Gänge entlanggingen, sahen sie die Schufterei der Häftlinge, ihre mühselige Arbeit und ihre Qual. Prof. Wernher von Braun hat während seiner häufigen Anwesenheit in Dora nicht ein einziges Mal gegen diese Grausamkeit und Bestialität protestiert.» Selbst die Toten hätten ihn nicht gerührt: «Auf einer kleinen Fläche neben der Ambulanzbude lagen tagtäglich haufenweise die Häftlinge, die das Arbeitsjoch und der Terror der rachsüchtigen Aufseher zu Tode gequält hatten. [...] Aber Prof. Wernher von Braun ging daran vorbei, so nahe, daß er die Leichen fast berührte.»[81]

Von Braun hat stets jede Verantwortung von sich gewiesen, wohl aber sein Bedauern über die unmenschliche Behandlung ausgedrückt. In den fünfziger Jahren versuchte er, das Thema auszuklammern und seine eigene Beteiligung herunterzuspielen: *Nur sehr langsam wurde mir klar, daß ich [...] in einem Dilemma gefangen war. Die Geräte, die wir voller Enthusiasmus für einen ehrenhaften Zweck bauten, wurden eingesetzt, um andere Menschen zu beherrschen oder zu versklaven.*[82] Erst in den sechziger Jahren gab er öffentlich zu, daß er im Bilde gewesen war und mit Grauen an das Mittelwerk zurückdenke. *Es war für mich natürlich jedesmal ein außerordentlich deprimierender Eindruck, wenn ich in das unterirdische Werk hineingehe und dort die Häftlinge bei der Arbeit sehen mußte.* Und weiter: *Diese Hungergestalten lasteten schwer auf der Seele jedes anständigen Mannes. Ich kann es nicht leugnen.* Er habe dem Ganzen *ohnmächtig* gegenübergestanden, weil es nicht in seiner Macht gelegen habe, die Situation der Häftlinge zu ändern. Dies wäre sinnlos gewesen und hätte für ihn vor einem SS-Gericht geendet.[83]

Widerspruch zu erheben, hätte nicht zu von Brauns Charakter gepaßt, denn er verkörperte die soldatische Tugend der blinden Pflichterfüllung. Für ihn gab es nur Befehl und Gehorsam, nicht aber moralische Prinzipien als Handlungsorientierungen. *Wissenschaft an sich besitzt keine moralische Dimension*[84], behauptete er später. Für ihn war die Fertigstellung der A-4-Rakete ein Auftrag, den er pflichtbewußt und loyal erfüllte, ohne über die Folgen seines Tuns nachzudenken. Noch nach dem Krieg rechtfertigte er dieses Verhalten, indem er fragte: *Hat der einzelne Bürger ein Recht wegzulaufen, oder ist es seine Pflicht, bei seiner Arbeit zu bleiben, sei es zum Guten oder zum Bösen?* Die Antwort lautete: *Ich entschied mich dafür, bei meinen Raketen zu bleiben* – obwohl ihm mittlerweile klar war, daß die Wissenschaftler in Peenemünde *einer Sache dienten, deren Rechtschaffenheit sie ernsthaft bezweifelten*[85].

Diese Reduktion seiner Tätigkeit auf die Erledigung einer Aufgabe ohne moralische Dimensionen findet sich auch in der Beschreibung seiner eigenen Funktion in der A-4-Produktion: *Meine einzige Rolle bestand darin zu überprüfen, daß exakt nach unseren Zeichnungen und Konstruktionen gearbeitet wurde und die Raketen, die das Werk lieferte, auch wirklich funktionieren konnten.*[86] Die Qualitätskontrolle, die von Braun hier mit viel Understatement als sein Tätigkeitsgebiet beschreibt, erforderte einen Überblick über das Gesamtgeschehen und hatte zudem weitreichende Eingriffe in die betrieblichen Abläufe zur Folge: *Meine Verantwortung für die Qualitätskontrolle bedeutete, daß ich gezwungen war, ständig den Produktionsfluß zu unterbrechen [...].*[87] Nach eigenen Angaben war von Braun also in starkem Maße in die Abläufe im Mittelwerk involviert.

Seine Aktivitäten hatten zudem unmittelbare Auswirkungen auf das Schicksal der Häftlinge; denn er sorgte dafür, *unverzüglich jeden Fehler in der Fertigung abzustellen*[88], den die Häftlinge aus Nachlässigkeit, aufgrund mangelnden fachlichen Wissens, aufgrund von Erschöpfung, aber auch zum Zwecke der Sabotage machten. Was mit den Häftlingen geschah, war bekannt. Bei Saboteuren wandte die SS beispielsweise die besonders grausame Strafe des langsamen Erhängens an. Von Braun war nicht von dem Motiv getrieben, Menschen zu quälen; aber sein Motiv, die Rakete

Heckmontage einer V 2 im «Mittelwerk»

zu optimieren, brachte es mit sich, daß Menschen gequält und getötet wurden. Darüber sah er hinweg. Für ihn gab es beim Bau der A-4-Rakete nur technische, nicht aber moralische Probleme.

Von Braun hat dies stets verdrängt und behauptet, er habe *im Mittelwerk nie einen toten Gefangenen*[89] gesehen. Zudem datierte er seinen ersten Besuch im Mittelwerk völlig willkürlich mal auf *Sommer 1943, als die Sprengarbeiten für den Ausbau bereits begonnen hatten*[90], mal auf die *Zeit, als dort die Produktion anlief*[91] – also Dezember 1943 –, an anderen Stellen jedoch auf den 25. Januar 1944 bzw. sogar Mitte 1944. Es ist nicht rekonstruierbar, ob diese Unstimmigkeiten auf ein schlechtes Zahlengedächtnis oder auf die bewußte Manipulation von Daten zurückzuführen sind. Auf jeden Fall gelang es von Braun nach 1945 durch Leugnen, Verschweigen oder Verdrängen, seine Verstrickung in die menschenverachtende Praxis der Vernichtung durch Arbeit zu vertuschen und so einer Strafverfolgung zu entgehen.

Die historischen Originaldokumente, die Wissenschaftler wie Rainer Eisfeld und Michael Neufeld ausfindig gemacht haben, lassen zudem keinen Zweifel daran, daß von Braun als die Person, bei dem alle Fäden des Raketenprojekts zusammenliefen, weitreichende Kenntnis über die Sklavenarbeit im Rahmen der A-4-Produktion hatte. «Jeder wußte es»[92], so Rudolph bei späteren Vernehmungen. Aber von Braun war «moralisch abgestumpft» und sah in den KZ-Häftlingen nicht Menschen, sondern lediglich Produktionsfaktoren – «rechtlose Arbeitstiere»[93], deren Tod er billigend in Kauf nahm.

Einige Dokumente belegen, daß von Braun an der Auslese von KZ-Häftlingen persönlich beteiligt war. In einem Brief an Albin Sawatzki, dem Direktor des Mittelwerks, schrieb er am 15. August 1944: *Bei einem meiner letzten Besuche [...] machten Sie [...] den Vorschlag, die gute fachtechnische Vorbildung verschiedener Ihnen und dem [KZ] Buchenwald zur Verfügung stehender Häftlinge dazu zu verwenden, zusätzliche Entwicklungsarbeiten und einen Musterbau in kleinen Stückzahlen aufzuziehen. [...] Ich bin auf Ihren Vorschlag sofort eingegangen, habe mir gemeinsam mit Herrn Dr. Simon im Buchenwald einige weitere geeignete Häftlinge ausgesucht und bei Standartenführer Pister ihre Versetzung ins Mittelwerk erwirkt.*[94]

Damit ist die Behauptung widerlegt, von Braun hätte mit der Produktion im Mittelwerk und dem Einsatz der KZ-Häftlinge nichts zu tun gehabt, es habe vielmehr eine saubere Trennung von Raketenforschung und Sklavenarbeit existiert. Es entspricht nicht der historischen Wahrheit, daß von Braun fernab vom grausigen Geschehen seinen Traum vom Flug ins Weltall verfolgte. Er war vielmehr an zentraler Stelle in die Produktion der A 4 involviert, hat sich aktiv in die Auswahl der Häftlinge eingeschaltet und ist sogar persönlich ins KZ gefahren. Von Braun war keine brutale Bestie wie die SS-Wachmänner, die die Häftlinge im Mittelwerk schikanierten. Er verstand sich als «unpolitischer» Techniker, der es nach eigenem Bekunden *bis Ende 1943 erfolgreich vermied, in das politische Netz hineingezogen zu werden*[95] – eine kaum nachvollziehbare Form der Verdrängung der Tatsachen. Von Braun war derart auf die Idee einer flüssigkeitsgetriebenen Großrakete fixiert, daß er deren Fertigstellung ohne moralische Skrupel vorantrieb und darüber hinwegsah, daß dieser Fortschritt mit Menschenleben bezahlt wurde. Fieberhaft arbei-

Ausgemergelte Häftlinge des KZ Mittelbau-Dora, fotografiert nach ihrer Befreiung durch die Alliierten 1945

teten er und sein Team an der Optimierung der A 4 als Kriegswaffe sowie der Ingangsetzung der Massenproduktion. Ihnen
ging es vor allem darum, die technischen Probleme zu lösen und
die anvisierten Termine einzuhalten. Die Überlebenden des KZ
Dora stellten später die Frage, ob von Braun mit einer weniger
forschen Herangehensweise möglicherweise Menschenleben
hätte retten können.

Unter enormen Opfern gelang es innerhalb von nur vier Mo-
naten, die A-4-Produktion von Peenemünde ins Mittelwerk zu
verlagern, wo bereits im Dezember 1943 die Fertigung anlief. Rudolph war als Betriebsdirektor für die Montage und den Häftlingseinsatz zuständig. (Er avancierte später zum Entwicklungs-
leiter des amerikanischen Saturn-Programms, verließ aber 1984
die USA, um einer drohenden Anklage und Ausweisung zu ent-

gehen.) Am 19. Oktober 1943 erteilte das HWA dem Mittelwerk den Auftrag, 12000 Raketen für den Betrag von insgesamt 480 Millionen Reichsmark zu liefern; der Stückpreis betrug also 40000 Reichsmark. Trotz erheblicher Anlaufschwierigkeiten zu Beginn des Jahres 1944 stieg die monatliche Produktion im Mittelwerk Ende 1944 auf sechs- bis siebenhundert A 4. Am 18. März 1945 wurde die letzte von insgesamt 5784 Raketen montiert. Etwa 10000 Menschen bezahlten dies mit ihrem Leben. Michael Neufeld spricht daher von einer «einzigartigen Waffe […]: Bei ihrer Produktion starben mehr Menschen als durch ihren militärischen Einsatz.»[96] Der einzige leitende Ingenieur, der sich dafür vor einem Gericht verantworten mußte, mangels Beweisen aber freigesprochen wurde, war Georg Rickhey, der Generaldirektor des Mittelwerks.

Mittlerweile hatten sich die politischen Gewichte zugunsten der SS verschoben, die immer ungenierter nach der Kontrolle über die Raketenforschung in Peenemünde griff. Im Februar 1944 wurde von Braun in Himmlers Hauptquartier beordert, wo ihn der Reichsführer SS mit dem Angebot konfrontierte, vom Heer zur SS zu wechseln: «*[…] ich kann mir vorstellen, daß Sie durch die Heeresbürokratie erheblich behindert werden. Warum schließen Sie sich nicht uns an? Sie wissen sicherlich, daß niemand einen so direkten Zugang zum Führer hat, und ich verspreche Ihnen eine weitaus wirkungsvollere Unterstützung, als Sie von diesen sturen Generalen bekommen können.*»[97] Von Braun antwortete: *Herr Reichsführer, ich könnte mir keinen besseren Chef als General Dornberger vorstellen. […] Sie wissen ja, daß die A 4 wie eine kleine Blume ist. Um zu gedeihen, braucht sie Sonne, eine wohldosierte Menge Dünger und einen geduldigen Gärtner. Ich fürchte, Sie planen, der kleinen Blume einen kräftigen Strahl Jauche zu geben. Das könnte sie jedoch umbringen.*[98] Ob sich dieses Gespräch so zugetragen hat, erscheint mehr als zweifelhaft, denn Dornberger war seit einem halben Jahr nicht mehr Brauns Vorgesetzter. Zudem wird selbst von Braun es nicht gewagt haben, den obersten Geheimdienstchef als Jauchestreuer zu bezeichnen. Hier sind offenbar nachträgliche Korrekturen vorgenommen worden. Was sich in Himmlers Hauptquartier auch zugetragen haben mag – die Reaktion auf die Zurückweisung des Angebots ließ nicht lange auf sich warten: Am frühen Morgen des 22. März 1944 wurden von Braun, sein Bruder Magnus, Klaus Riedel und Helmut Gröttrup von der Gestapo verhaftet, die das Geschehen in Peenemünde schon längere Zeit observiert hatte. Ihnen wurde Verrat vorgeworfen, konkret: skeptische Äußerungen über den Kriegsverlauf und die Vernachlässigung ihrer Pflichten zugunsten von Raumfahrtprojekten. Darauf stand die Todesstrafe. Zudem wurde von Braun unterstellt, daß er mit seiner Messerschmitt Taifun, mit der er *alle Geschäftsreisen machte*[99], die Flucht nach England vorbereitet habe. Er beteuerte jedoch – selbst nach 1945 – seine Loyalität gegenüber dem Nazi-Regime; ihm habe *jeder Gedanke an Verrat fern*[100] gelegen.

Von Braun war allerdings nur eine Spielfigur auf Himmlers Schachbrett, dem es nicht darum ging, den Raketenforscher an den Galgen zu bringen, sondern ihn einzuschüchtern und zu einem Wechsel zur SS zu bewegen. Dennoch gelang es Speer und Dornberger, von Brauns vorübergehende Entlassung nach vierzehn Tagen Haft zu erreichen. Ihr stärkstes Argument, das Hitler schließlich beeindruckte, war der Schaden, den das A-4-Programm ohne von Brauns Führung genommen hätte. Obwohl Himmler sein Ziel nicht erreicht hatte, war sein Einfluß auf das Raketenprogramm gewachsen. Dies mag erklären, warum von Braun unermüdlich daran arbeitete, die Einsatzfähigkeit der A 4 als Kriegsrakete sicherzustellen. Die Verhaftung durch die SS hatte zudem einen Effekt, der von keinem der Beteiligten beabsichtigt war, sich später jedoch als wertvoll erwies: Von Braun konnte auf diese Weise seine Distanz zum Nazi-Regime dokumentieren. Himmler hatte ihm praktisch einen «Persilschein» ausgestellt, ohne den seine weitere Karriere vermutlich anders verlaufen wäre.

Beim Machtkampf um Peenemünde spielten auch technische und organisatorische Probleme eine Rolle, die Himmler auf seine Weise unter Kontrolle bringen wollte – in der Hoffnung, doch noch die ultimative Waffe in die Hand zu bekommen, um so die absehbare Niederlage Nazi-Deutschlands abzuwenden. Problematisch waren insbesondere die «Luftzerleger», die bei den Schießversuchen mit scharfem Sprengkopf auftraten. Diese

In der Luft explodierende A 4 nach einem Versuchsstart
in Peenemünde

Tests, die auch dem Training der Einsatztruppen dienten und vorerst die gesamte A-4-Produktion verschlangen, wurden ab Herbst 1943 unter Dornbergers Kommando auf dem Truppenübungsplatz «Heidelager» östlich von Krakau durchgeführt – «über bewohntem Gebiet, in einem besetzten Land, ohne Rücksicht auf dessen Bevölkerung»[101]. Doch auch für die Besatzer war dies riskant, denn am 20. Mai 1944 gelang es Angehörigen des polnischen Widerstands, eine komplette Rakete zu erbeuten und diese außer Landes zu schaffen.

Allerdings erreichten nur zehn bis zwanzig Prozent der Geschosse ihr Ziel, weil die Rakete sich beim Wiedereintritt in die Erdatmosphäre in mehrere Teile zerlegte. Dies belegt, daß die A 4 längst noch kein zuverlässiges Waffensystem war. Selbst im Herbst 1944, als die A 4 erstmals zum Einsatz kam, traten die Komplikationen immer wieder auf. Unter großem persönlichem Einsatz ging von Braun auch dieses Problem an. Er begab sich mitten ins Zielgebiet, um das Verhalten des Projektils beim Wiedereintritt aus der Nähe zu beobachten. Obwohl die statistische Wahrscheinlichkeit eines Treffers im Zentrum gering ist, entging er bei einem dieser waghalsigen Einsätze nur knapp dem Tod.

Nicht lösbar waren jedoch die Schwierigkeiten mit der Luftabwehrrakete «Wasserfall», einer verkleinerten A 4, die mit einer Art Joystick gesteuert wurde. Angesichts der alliierten Bombenangriffe auf Deutschland hatte Göring im Herbst 1942 Mittel für dieses Projekt bereitgestellt, das neben der A 4 das zweitwichtigste Projekt der Heeresversuchsanstalt war. Unter großem Druck des Luftfahrtministeriums fanden bereits Anfang 1944 die ersten Startversuche mit noch unfertigen Geräten statt, die allesamt fehlschlugen. Peinlich war ein Irrläufer, der in Schweden landete und den Alliierten wertvolle Einblicke in das deutsche Raketenprogramm ermöglichte.

Kriegseinsatz und Untergang (1944–1945)

Am 13. Juni 1944 fand der erste Einsatz der Flugbombe Fi 103 («V 1») gegen London statt. Sie war seit Frühjahr 1942 unter Regie der Luftwaffe in Peenemünde-West entwickelt worden, um der Heeresrakete A 4 eine einfache, preiswerte und früher einsatzbereite Alternative entgegenzusetzen. Diese Ziele wurden innerhalb kürzester Zeit erreicht. Die Kosten der V 1, die ebenso wie ihre Konkurrentin einen Sprengkopf von einer Tonne Gewicht über eine Entfernung von 250 Kilometern transportieren konnte, betrugen nur ein Zehntel der Kosten der A 4. Sie war aber von der gegnerischen Abwehr leicht abzufangen, da sie mit geringer Geschwindigkeit (ca. 600 Stundenkilometer) in geringer Höhe (bis 2000 Meter) flog und enorm laut war. Von den 22 000 auf London und andere Ziele abgeschossenen V-1-Flugkörpern wurden etwa drei Viertel von Abfangjägern oder Flakgeschützen abgeschossen.

Am 7. und 8. September 1944 fand der erste Angriff mit A-4-Raketen auf London und Paris statt; bis zum 27. März 1945 wurden ca. 3170 Raketen auf diese beiden Städte sowie auf andere Ziele in Großbritannien, den Niederlanden und Belgien ver-

Bilanz der deutschen Raketenangriffe

Produktion und Abschuß der V-Waffen

Typ	Produktions-zahl	Ziel	Verschüsse	Abschüsse	Einschläge
V 1	ca. 32 600	GB	10 492	3957	5822
		B	11 892	2183	7358
		Summe	22 384	6140	13 180
V 2	ca. 6500	GB	1403		1054
		B	1664		1303
		F	73		57
		NL	19		15
		D	11		9
		Summe	3170		2438

Quelle: Hölsken 1984, S. 219

schossen. Gegen die A 4, die sich ihrem Ziel auf einer ballisti-schen Bahn mit mehrfacher Schallgeschwindigkeit näherte, gab es keine Abwehr. Bei den Attacken kamen etwa 5000 Menschen ums Leben – eine traurige Bilanz, die allerdings zugleich den ge-ringen militärischen Wert der A 4 demonstriert. Denn bei einem einzigen alliierten Bombenangriff starben Tausende Zivilisten, allein bei der ersten Welle der Zerstörung Dresdens am 14. Fe-bruar 1945 schätzungsweise 35 000 Menschen. Selbst der Ver-gleich mit der V 1 ist aufschlußreich, denn die Vergeltungswaffe «V 2», wie die A 4 von Goebbels nach ihrem Ersteinsatz getauft wurde, richtete weniger Schäden an als ihre Konkurrentin.

Der Einsatz der A 4/V 2 fand unter dem Kommando Kamm-lers statt, denn die SS hatte nach dem gescheiterten Attentat auf Hitler am 20. Juli 1944 die Gunst der Stunde genutzt, um den Ein-fluß des Heeres zu beschneiden, aus dessen Reihen die Attentäter gekommen waren. Das HWA wurde Himmler unterstellt. Den-noch gelang es Speer, das Forschungszentrum in Peenemünde vor

Straße in London am 17. Juni 1944, unmittelbar
nach dem Einschlag einer deutschen Flugbombe

dem Zugriff der SS zu schützen, so daß von Braun seine Stellung
bewahren konnte. Obwohl formal nur stellvertretender Leiter,
war er in dieser Phase faktisch der Chef der Einrichtung, die trotz
der Verlagerung der Produktion ins Mittelwerk noch 5000 Mitarbeiter hatte. Ihm gelang es selbst im Chaos der letzten Kriegsmonate, sein Team zusammenzuhalten und die Arbeit voranzutreiben, zugleich aber auch Vorbereitungen für die Nach-
kriegszeit zu treffen. Denn mittlerweile war klar, daß die
Niederlage Deutschlands unaufhaltsam näherrückte.

Von Braun ging ab Sommer 1944 – wie etliche Angehörige
der konservativ-patriotischen Elite – zunehmend auf Distanz
zum Regime, dem er zuvor loyal gedient hatte. Er scheute sich
nicht mehr, die nationalsozialistischen Durchhalteparolen in
Zweifel zu ziehen. Eine mögliche Ursache für diesen Stim-
mungswandel liegt in von Brauns Persönlichkeit. Er war Egozentriker und Opportunist, der ein politisches Regime vorrangig

nach eigennützigen Gesichtspunkten beurteilte, konkret: Ob er Privilegien hatte (eigenes Flugzeug), komfortabel lebte (Villa, Segelboot), ein hohes Einkommen hatte etc. Wenn dies gewährleistet war, konnte von Braun sich problemlos mit einer Diktatur arrangieren: *Persönlich ging es mir unter einem totalitaristischen Regime ziemlich gut.*[102] Er habe, so gestand er 1958 ein, in Peenemünde große Freiheiten genossen. Auch angesichts seines lebhaften Kontakts mit den Universitäten wäre es *falsch anzunehmen, daß die Situation viel anders war als in einem freien Land*[103]. Dienstreisen habe er nicht anmelden müssen, und auch an die Überwachung durch die Geheimpolizei habe man sich gewöhnen können. Das Nazi-Regime war ab Sommer 1944 jedoch zunehmend außerstande, von Braun dieses Leben in Luxus und Freiheit zu ermöglichen. Deshalb ging er auf Distanz zum Regime und begann, sich nach einer Alternative umzusehen. Seine politische Grundhaltung blieb jedoch unverändert.

Ein weiterer Grund für die wachsende Skepsis gegenüber dem Nazi-Regime war der Kriegseinsatz der A-4-Rakete, der von Braun eigenen Angaben zufolge *sehr bedrückte*[104]. Auch seine damalige Sekretärin behauptete später, er wäre «völlig niedergeschlagen» gewesen. «‹Das hätte nie geschehen sollen›, sagte er. ‹Ich habe immer gehofft, der Krieg würde vorbei sein, bevor sie eine A 4 gegen ein lebendes Ziel starten.›»[105] Seine aufgebrachten Mitarbeiter beruhigte von Braun damit, *daß diese Schüsse nur den Anfang einer neuen Epoche markieren – das Zeitalter des Fluges mit Raketenantrieb*[106]. Dies ist jedoch vermutlich eine nachträglich erfundene Geschichte; denn von Braun wird sich nach seiner Verhaftung durch die SS gehütet haben, das Wort Raumfahrt nochmals in den Mund zu nehmen.

Es mag unplausibel klingen, daß ein Wissenschaftler acht Jahre lang an der Entwicklung und Optimierung einer Waffe arbeitet und dann angesichts von Tod und Vernichtung behauptet, er habe dies nicht gewollt. Ähnliche Fälle von Verdrängung und Selbsttäuschung sind jedoch auch von anderen Wissenschaftlern in der Rüstungsforschung dokumentiert, etwa von den Erfindern der amerikanischen Atombombe. Sie reduzieren ihre Tätigkeit auf die Lösung der technischen Rätsel und blenden die moralische Dimension ihres Tuns aus. Nach Angaben von Ernst Stuhlinger lautete die Botschaft, mit der die Mitglieder des Raketenteams auf ihre Arbeit eingeschworen wurden: *Wir stehen vor einer Aufgabe, laßt uns an die Arbeit gehen!* [107] Für ein Nachdenken über die Folgen ihres Tuns und ihre Verantwortung war in einem derartigen Konzept kein Platz.

Im Zentrum der verschworenen Gemeinschaft stand «das Projekt», und je hoffnungsloser die Situation wurde, um so mehr war es «‹das Projekt›, das diesem Leben noch Struktur und Stabilität und sogar eine Bedeutung gab». Zudem wußten die Männer des Raketenteams, die von Braun von der Ostfront oder aus den zerbombten Städten nach Peenemünde geholt hatte, was sie ihm verdankten und was sie ihm schuldeten. Das machte sie abhängig und manipulierbar. «Der unangenehme Gedanke, daß man sich aufgrund schlechter Leistungen plötzlich in den Schützengraben wiederfinden könnte, mag den einen oder anderen Peenemünder dazu veranlaßt haben, sein Bestes zu geben.» [108]

Die nachträgliche Behauptung, man habe die A 4 stets als ersten Schritt in den Weltraum betrachtet, kann als ein Versuch der Selbstrechtfertigung interpretiert werden, der den Peenemündern half, ihre Vergangenheit zu bewältigen und ihr Gewissen zu entlasten. Symptomatisch ist von Brauns Feststellung aus dem Jahre 1956, die A 4 / V 2 habe *den falschen Planeten getroffen* [109]. Man habe eigentlich, so suggeriert diese Aussage, das Richtige getan, man hätte die Rakete nur ein wenig umlenken müssen, um auf dem Mond statt in London zu landen. Das Raketenprojekt wird so aus dem politischen Kontext, dem es seine Realisierung verdankt, gelöst und als isolierte technische Meisterleistung dargestellt, die zu unterschiedlichen Zwecken eingesetzt werden kann.

Mit zunehmender Skepsis gegenüber dem Regime verbrachte von Braun die letzten Kriegsmonate. Es war eine chaotische und unberechenbare Situation, und es galt die Devise, sich irgendwie durchzuschlagen. Auch dies gelang dem Raketenteam, das nach wie vor etliche Privilegien genoß und so zu einer Schicksalsgemeinschaft zusammengeschweißt wurde, deren Zukunft immer stärker von der Zukunft des «Projekts» abhing.

Höhere Offiziere von Heer und Marine verfolgen 1944
in Peenemünde den Abschuß einer V 2.
In der Mitte halb verdeckt Wernher von Braun

Selbst unter diesen Bedingungen war es möglich, die For-
schungs- und Entwicklungsarbeiten in beschränktem Maße fort-
zusetzen, beispielsweise an der «Regener-Tonne», einem Meß-
gerät für die Atmosphärenforschung, das mit einer A 4 gestartet
werden sollte. Ein weiteres Projekt, das die Militärs nach dem
deutschen Rückzug aus den Niederlanden gefordert hatten, um
London weiterhin beschießen zu können, war die A 9, eine mit
Flügeln versehene A 4, die aus der ballistischen Flugbahn in den
Gleitflug übergehen und so Distanzen von bis zu 500 Kilometern
überbrücken sollte. Für von Braun war diese Aufgabe eine will-
kommene Gelegenheit, um nach Fertigstellung der A 4 das Fort-
bestehen des Forschungszentrums zu legitimieren und sein
Team zusammenzuhalten. Allerdings mußte er im Dezember
1944 und im Januar 1945 wieder einmal halbfertige Geräte starten, um seine Auftraggeber zufriedenzustellen. Die Vorstellung,
man könne neue Wunderwaffen per Dekret verordnen, belegt

eindrücklich, wie weit die Eliten des Nazi-Regimes zu dieser Zeit bereits der Realität entrückt waren.

Um die Jahreswende 1944/45 zeichnete sich das Ende ab. Die Ostfront rückte näher, und Flüchtlinge strömten in großer Zahl nach Peenemünde. Das Konzentrationslager Auschwitz wurde evakuiert, so daß die Zahl der Insassen des KZ Mittelbau-Dora binnen kürzester Zeit von 26 000 auf 40 000 Personen stieg. Die Todesrate schnellte in die Höhe. Auf den verzweifelten Überlebenskampf der Häftlinge reagierten die SS-Bewacher mit großer Brutalität. Massenhinrichtungen waren an der Tagesordnung, wobei besonders grausame Methoden angewandt wurden. Trotz dieser chaotischen Zustände lief die Produktion der V-2-Raketen bis März 1945 weiter.

Am 31. Januar 1945 ordnete Kammler die Evakuierung des Peenemünder Raketenzentrums nach Bleicherode im Harz an. Von Braun hatte bereits im September 1944 begonnen, alle wertvollen Dokumente zusammenzutragen. Das Raketenteam beschloß, zusammenzubleiben und den Kontakt zu den Amerikanern zu suchen. *Der Krieg war für uns verloren. Für uns drehte sich alles um die Frage, in welche Hände wir unser wissenschaftliches Erbe legen sollten. Nach Lage der Dinge erschien uns die beste Lösung, uns*

Hans Kammler (links), der für das Raketenprojekt verantwortliche SS-Offizier

den Amerikanern zu stellen. Dabei spielten opportunistische Erwägungen eine Rolle: *Mein Land hat zwei Weltkriege verloren. Diesmal möchte ich auf der Seite der Sieger stehen.*[110] Großbritannien und Frankreich schieden aus, weil nur wenige Wochen zuvor die letzten V-2-Raketen auf diese Länder gefallen waren. Und Peenemünde in die Hände der Russen fallen zu lassen, kam ebensowenig in Frage wie die Möglichkeit, alle Unterlagen zu vernichten und ins zivile Leben zurückzukehren. Denn angesichts der in Peenemünde gesammelten «Erfahrungen im Bau von Langstrecken-Präzisionsraketen» wäre «es ein Verbrechen am Fortschritt der Menschheit gewesen [...], dieses Potential zu zerstören»[111]. Eine zynische Bemerkung, wenn man bedenkt, welche Verbrechen bei der Produktion der V 2 und ihrem Einsatz gegen die Zivilbevölkerung begangen wurden.

Wieso von Braun sich für die USA entschied, hat er nie befriedigend erklären können. Meist mußte die Verhaftung durch Himmlers SS herhalten, um von Brauns Abneigung gegen eine erneute Indienststellung für ein diktatorisches Regime zu begründen. Neuere historische Forschungen lassen allerdings Zweifel aufkommen, ob er in der Endphase des Krieges überhaupt in der Lage war, eigenständig über das Schicksal des Raketenprojekts zu entscheiden. Denn das Raketenteam befand sich unter Obhut der SS, die ihren «Schatz» sorgsam hütete. Kammler spielte mit dem Gedanken, das in Peenemünde geschaffene Know-how für Verhandlungen mit den Alliierten zu nutzen und so seinen Kopf aus der Schlinge zu ziehen.

Am 17. Februar begann die Evakuierung Peenemündes, die nach vierzehn Tagen abgeschlossen war. Alles, was nicht abtransportiert werden konnte, wurde vernichtet, so daß die russischen Truppen, die ein Jahr zuvor bereits den Schießplatz «Heidelager» eingenommen hatten, bei der Eroberung der Heeresversuchsanstalt am 5. Mai 1945 wenig Brauchbares mehr vorfanden. Von Braun war es gelungen, die wichtigen technischen Dokumente ohne Wissen der SS in Sicherheit zu bringen und in einem stillgelegten Bergwerk im Harz zu verstecken. Damit besaß er nun sein eigenes Faustpfand für spätere Verhandlungen mit den Siegern. Wieso sowohl von Braun als auch Kammler den Wert des raketentechnischen Know-how so hoch einschätzten, daß sie glaubten, damit ihr Leben retten zu können, muß ungeklärt bleiben; denn angesichts der Geheimhaltung von Rüstungsprojekten war nicht auszuschließen, daß die USA während des Krieges ebenfalls erhebliche Fortschritte in der Raketentechnik gemacht hatten. (Vom Manhattan Project zur Entwicklung der amerikanischen Atombombe war beispielsweise in Deutschland nichts bekannt.) In diesem Fall wäre der Schatz im Harz völlig wertlos gewesen.

Im März spitzte sich die Situation nochmals zu. Der Zusammenbruch Deutschlands stand unmittelbar bevor, und auch die Stellungen in Thüringen waren gegen die rasch näherrückenden amerikanischen Truppen nicht zu halten. Am 1. April 1945 ordnete Kammler daher die Evakuierung von 500 Peenemündern in die bayrischen Alpen an, wo sie unter Aufsicht der SS gestellt wurden. Die in Thüringen verbliebenen Raketentechniker wurden kurze Zeit später von US-Nachrichtenoffizieren aufgespürt, während die Gruppe um von Braun in Bayern auf eine Gelegenheit zum Überlaufen warten mußte. Zur gleichen Zeit spielten sich nur wenige Kilometer von Bleicherode entfernt grausame Szenen ab, als die noch verbliebenen 25 000 bis 30 000 Lagerinsassen des KZ Mittelbau-Dora in das KZ Bergen-Belsen verlegt wurden. Man pferchte sie in Viehwaggons, in denen sie tagelang ohne jede Nahrung ausharren mußten. Andere mußten den Weg zu Fuß zurücklegen. Das grausamste Ereignis auf diesem Todesmarsch war das Massaker von Gardelegen, wo die SS über 1000 Häftlinge in eine Scheune trieb und diese in Brand setzte. Als die amerikanischen Truppen das KZ Dora am 11. April befreiten, fanden sie noch 600 Überlebende.

> Die deutschen Anfänge der Fahrt zum Mond sind untrennbar verknüpft mit den schmutzigsten und blutigsten Seiten der Geschichte des Dritten Reiches.
>
> Rainer Eisfeld,
> Mondsüchtig,
> Reinbek 1996, S. 28

Derweil ließen es sich von Braun und seine Mitarbeiter in Oberbayern gutgehen. Aus der Kaserne in Oberammergau, wo die SS sie interniert hatte, durften die Peenemünder bald in kleinen Gruppen in die umliegenden Dörfer umziehen. Von Braun fand gemeinsam mit Dornberger, seinem Bruder Magnus und anderen Unterschlupf im Haus Ingeburg in Oberjoch. Seine Erinnerungen an diese Zeit sind voller kulinarischer und touristischer Höhepunkte; er war und blieb ein Genußmensch, der selbst aus der ungünstigsten Situation das Beste für sich herausholte: *Die Tage in Oberjoch waren von einer geradezu unwahrscheinlichen Ruhe. Wir saßen auf unserem Berg, und unten durch die Täler zogen die Armeen der Alliierten. Bei uns geschah absolut nichts. [...] Wir genossen herrliches Frühlingswetter, und in unserem Hotel gab es noch eine ausgezeichnete Küche und einen gepflegten Weinkeller. Während das Deutsche Reich zerfiel und überall das Chaos herrschte, lebten wir am ruhigsten und idyllischsten Platz, den man sich in dieser Turbulenz nur vorstellen konnte.* [112] Kammler war spurlos verschwunden, und die Kontrolle durch die SS lockerte sich in den letzten Kriegstagen. So konnte der Entschluß fallen, die Kontaktaufnahme mit den Amerikanern zu wagen.

Am 2. Mai 1945, kurz nachdem der Rundfunk Hitlers Tod gemeldet hatte, wurde Magnus von Braun mit dem Fahrrad losgeschickt, um Verbindung mit den amerikanischen Truppen aufzunehmen und die Kapitulation der Peenemünder anzubieten. Die Amerikaner brachten sie nach Garmisch-Partenkirchen, wo sie wochenlang verhört wurden und ihr Wissen schriftlich niederlegen mußten. Von Braun verfaßte im Mai/Juni 1945 einen Bericht *Übersicht über die Entwicklung von Flüssigkeitsraketen in Deutschland und ihre zukünftigen Perspektiven* für das Combined Intelligence Operations Subcommittee (CIOS), der knapp und ohne technische Details die Entwicklungen von 1929 bis 1945 beschreibt und Zukunftsprojekte skizziert, darunter Hyperschallflugzeuge, bemannte Raketen, eine Raumstation, einen Weltraumspiegel zur Energieversorgung und Wetterbeeinflussung sowie schließlich den Flug zum Mond. Sein Resümee lautete, *daß eine sorgfältig geplante Entwicklung der Raketenwissenschaften revolutionäre Auswirkungen im wissenschaftlichen wie im militärischen Bereich haben wird* [113]. Damit hatte von Braun die Projekte wieder aufgelistet, mit denen er 1932 in dem «Umschau»-Artikel für die Raketentechnik geworben hatte. Für ihn hatte sich nicht viel verändert – von Besinnung oder Selbstkritik keine Spur. Er machte sich wieder an die Arbeit, Sponsoren für seine Projekte zu finden.

Das Kapitel «Peenemünde» war abgeschlossen; und den-

Wernher von Braun (mit bei einem Autounfall
gebrochenem Arm) als Gefangener der Alliierten,
1945; links neben ihm Walter Dornberger

noch ging es im gleichen Stil weiter, weil die Siegermächte im
Zeichen des sich anbahnenden kalten Krieges darum wetteifer-
ten, die neue Technik unter ihre Kontrolle zu bringen. Die Amerikaner waren im Vorteil, denn sie hatten die Führungsmann-
schaft des Raketenprojekts in ihrer Obhut, und von Braun war
kooperationsbereit. Zwischen Siegern und Besiegten entwickelte sich binnen kürzester Zeit ein Klima des wechselseitigen Re-
spekts und des kollegialen Umgangs, das einen nahtlosen Übergang von der deutschen zur amerikanischen Kriegsforschung
möglich machte. Von Brauns Kalkül war aufgegangen.

Um das Know-how zu sichern, das für die nächste Runde des
Wettrüstens als entscheidend erachtet wurde, kam es darauf an,
möglichst rasch die Dokumente und Geräte sicherzustellen, die
sich noch in Thüringen befanden, das zur künftigen russischen

Zone gehörte. Bereits Anfang 1945 hatte Oberst Holger N. Toftoy, der Leiter der Raketenabteilung des amerikanischen Heereswaffenamtes, Pläne ausgearbeitet, wie die USA sich in Besitz der deutschen Raketen bringen könnten. Er machte sich mit seinen Mitarbeitern im besetzten Deutschland sofort auf die Suche nach der V-2-Fabrik. Unter Bruch der geltenden Abkommen gelang es den Amerikanern im Mai 1945 in einer waghalsigen Aktion, nur wenige Tage vor dem Einmarsch der russischen Truppen das Mittelwerk leer zu räumen und auf 341 Güterwaggons Teile für etwa einhundert Raketen nach Antwerpen zu verschaffen, von wo aus sie in die USA gebracht wurden. Auch die im Harz vergrabenen Dokumente sowie der größere Teil der in ganz Deutschland versprengten Techniker und Ingenieure fiel in ihre Hände.

Angesichts offener Abwerbungsversuche seitens der Briten und der Russen, aber auch angesichts des Risikos, man könnte von Braun kidnappen, erschien es plausibel, das Raketenteam in die USA zu bringen und dort die Unterlagen auswerten und die V2 rekonstruieren zu lassen. Im Juli 1945 wurde das Projekt «Overcast» (Verdunklung) geschaffen, in dessen Rahmen eine Gruppe von 115 deutschen Raketenexperten, die von Braun persönlich auswählte, für sechs Monate befristet in die USA gebracht wurde. Dies mußte unter Ausschluß der Öffentlichkeit geschehen, die wenig Verständnis dafür gehabt hätte, daß prominente Nazis nun für das US-Militär arbeiteten. Am 18. September 1945 wurden von Braun und sechs seiner Mitarbeiter in die USA geflogen; die restlichen Mitglieder der Gruppe kamen per Schiff nach.[114]

Der Chefkonstrukteur der V-2-Rakete hatte es geschafft, die Zäsur von 1945 unbeschadet zu überstehen und ohne Unterbrechung auf seinem angestammten Arbeitsgebiet weiterzuarbeiten. In seinem bisherigen Berufsleben hatte von Braun nichts anderes gemacht, als Raketen für das Militär zu bauen, und er mußte sich auch jetzt nicht umstellen. Dies war nur im Kontext des sich anbahnenden kalten Krieges möglich, der das Interesse des Militärs an rüstungsrelevanten Technologien vor die moralische oder strafrechtliche Bewertung der Aktivitäten während der Nazi-Zeit stellte.

Aufbruch ins Weltall

WARTESTATION TEXAS (1945–1950)

Die erste Station in den USA war Fort Strong, eine alte Festung vor der Küste Bostons, wo die sieben Deutschen am 20. September 1945 eintrafen. Am 1. Oktober brachte Major James Hamill, ein Mitarbeiter Toftoys, von Braun ins Pentagon nach Washington. Bei den Befragungen ging es vor allem darum, eine Einschätzung seiner Person zu gewinnen, da er wenige Monate zuvor noch für den Gegner gearbeitet hatte. Die anderen sechs Ex-Peenemünder erhielten den Auftrag, unter Aufsicht amerikanischer Raketenexperten auf dem Testgelände Aberdeen *die vierzehn Tonnen Dokumente aus Peenemünde [...] zu sichten, zu ordnen, zu katalogisieren, auszuwerten und zu übersetzen*[115]. Ende Oktober reisten von Braun und sein ständiger Begleiter Hamill per Bahn nach El Paso in Texas. Im nahe gelegenen Fort Bliss hatte das US-Heereswaffenamt kurz zuvor eine Unterabteilung für Raketenentwicklung eingerichtet, deren Leitung Hamill übernahm. Nach und nach trafen die anderen deutschen Raketenexperten ein, so daß am 21. Februar 1946 alle 115 Mitglieder des Peenemünde-Teams in Texas versammelt waren. Ihre Familien wurden in Landshut unter den Schutz des US-Militärs gestellt; bereits ein Jahr später durften sie in die USA nachreisen.

Die Aufgabe der Deutschen bestand darin, die von den Amerikanern erbeuteten V-2-Raketen zusammenzubauen, die dann in White Sands, einem Testgelände nördlich von El Paso, gestartet wurden. Am 16. April 1946 stieg die erste V 2 auf, und bis zum 19. September 1952 fanden insgesamt siebzig Starts statt, mit denen Meßinstrumente in Höhen geschossen wurden, die für Flugzeuge und Ballons unerreichbar waren. Dabei wurden neue Erkenntnisse über die Beschaffenheit der Atmosphäre und die kosmische Strahlung gewonnen. Am 24. Februar 1949 erreichte eine modifizierte V 2, der die amerikanische WAC-Corporal als zweite Stufe aufgesetzt worden war, die Rekordhöhe von 390 Ki-

Wernher von Braun im Gespräch mit James Hamill

lometern. Die Deutschen spielten allerdings nur eine Neben-
rolle, denn die Verantwortung lag ab Anfang 1947 in der Hand
des «V-2 Upper Atmosphere Panel». Hintergrund dieser Akzent-
verlagerung war das Interesse des Militärs, in Zeiten knapper
Mittel Unterstützung aus den Universitäten zu sichern. Zudem
entstand auf diese Weise ein neues Image der Rakete als Instrument friedlicher Forschung.

Die Hoffnungen der Deutschen auf ein amerikanisches
Weltraumprogramm, in dem sie eine zentrale Rolle einzuneh-
men gedachten, wurden enttäuscht. Das Raketenprogramm des
Heereswaffenamtes blieb «zunächst ein sehr bescheidenes Unternehmen, das nur über geringe Mittel verfügt und durch keine
Dringlichkeitsstufe bevorzugt wird». Die Stimmung war ge-
drückt, denn: «Fort Bliss und White Sands sind mit den Peenemünder Einrichtungen überhaupt nicht zu vergleichen.»[116] Man
sehnte sich nach einem neuen Peenemünde. Das Ziel der amerikanischen Regierung unter Truman war jedoch, die exorbitanten

Das Versuchsgelände von White Sands 1945, als die Peenemünder Gruppe dort ankam

Rüstungsausgaben nach 1945 wieder auf ein vertretbares Maß zurückzuführen. Für neue Mammutprojekte war kein Platz. Die Kürzungen im Militärhaushalt für 1947 bedeuteten das endgültige «Aus» für die Satelliten- und Raketenprojekte, mit denen die Militärs in den Jahren 1945 und 1946 geliebäugelt hatten. Truman hatte kein Interesse an Raketen; er verließ sich auf die atomaren Langstreckenbomber.

Von Braun war nach wie vor der unumstrittene Chef des Raketenteams, der die Gruppe zusammenhielt und nach außen vertrat. Seine Mitarbeiter zum Durchhalten zu ermuntern war eine schwierige Aufgabe, denn er befand sich in der ungewohnten Situation, abwarten zu müssen, statt die Entscheidungen selbst in die Hand zu nehmen. Auch boten die Baracken von Fort Bliss und die Wüstenlandschaft der Umgebung wenig Annehmlichkeiten für die verwöhnten Deutschen, die es unerträglich fanden, die Langeweile mit Monopoly bekämpfen zu müssen. Aus Sicht der *Friedensgefangenen*[117], wie von Braun sein Team titulierte, war es reine Zeitverschwendung, veraltete V-2-Raketen zusammenzubauen, statt Zukunftsprojekte in Angriff zu nehmen. Sie waren enttäuscht und fühlten sich isoliert. Zunehmend gewannen sie den Eindruck, daß man sie in die USA geholt hatte, um sie «auf Eis zu legen»[118] und dem Zugriff konkurrierender Nationen zu entziehen. Hamill versuchte, seine deutschen Mitarbeiter durch allerlei Aufträge bei Laune zu halten, deren Ergebnisse jedoch meist im Papierkorb landeten. Von Braun nutzte die Zeit zur Verbesserung seiner Sprachkenntnisse und fertigte Projektstudien für künftige Raumfahrtvorhaben an, unter anderem für einen bemannten Marsflug sowie die bemannte Raumstation und den Mondflug, mit denen er ab 1949 an die Öffentlichkeit trat.

Der arrogante Stil, mit dem die Deutschen ihre Forderungen vortrugen, löste Ressentiments bei ihren amerikanischen Kollegen aus. Man hielt einen gewissen «Abstand zu den Deutschen»[119] und dem Geist von Peenemünde, der in Fort Bliss herrschte. Aus Sicht der Deutschen gab es eine klare Rollenverteilung: «Die Peenemünder Mannschaft in den USA arbeitet an ihrem alten Werk, jetzt unterstützt von amerikanischen Offizieren und Technikern.»[120] Von Beginn an betrachteten die Deutschen sich als Lehrmeister, die genau wie früher bei der Qualitätskontrolle «keine Kompromisse akzeptierten»[121]. Das Gefühl der Überlegenheit schlug oftmals in Überheblichkeit um. Irritierend war auch die Forderung der Deutschen nach einer «rigiden Organisationsstruktur mit vielen seltsamen Titeln und Positionen»[122]. Nach Angaben eines Mitarbeiters von General Electric «war die amerikanische Industrie nicht so ganz glücklich über von Braun und sein Team [...]. Von Braun hatte seinen eigenen Stil, die Dinge zu handhaben. Er wußte immer genau, was er wollte und wie es getan werden sollte.»[123] Von Braun spielte seine gewohnte Rolle weiter, aber er war nun nicht mehr unumschränkter Alleinherrscher, sondern mußte mit anderen Raketenteams kooperieren. Denn für die Amerikaner war es undenkbar, daß ein «Beutedeutscher», in dem viele einen Kriegsverbrecher sahen, jemals die Führungsrolle eines amerikanischen Raketenprogramms übernehmen könnte.

Wieso von Braun sich diesen Umgangston auch in den USA erlauben konnte, ist nicht zweifelsfrei rekonstruierbar. Er hatte offenbar niemals Angst zu verlieren. Stets hat er das Spiel mit den Mächtigen gewagt und dabei meist sein Ziel erreicht. Selbst in kritischen Situationen spielte er seine Chefrolle mit einer Selbstverständlichkeit, die Außenstehende verblüffte, etwa bei seiner Gefangennahme im Mai 1945, als er sich wie «ein Kongreßmann» verhielt, «der die Front abschreitet»[124]. Aufgrund dieser meisterlichen taktischen Fähigkeiten besaß von Braun auch gegenüber den Amerikanern von Beginn an eine starke Verhandlungsposition. Bereits im Mai 1945 organisierte er einen Streik des Raketenteams, weil ein US-Soldat Dornbergers wertvolle Arm-

banduhr an sich genommen hatte. Von Braun teilte dem amerikanischen Lagerkommandanten mit: *Meine [!] Mitarbeiter und ich sind erst dann bereit, wieder zu reden, wenn General [!] Dornberger seine Uhr zurückerhalten hat.*[125] Der Kommandant mußte die «kleine Erpressung wohl oder übel akzeptieren»[126], woraufhin die Deutschen wieder mit den Amerikanern kooperierten. Von Braun beherrschte die Technik der kontrollierten Regelverletzung, die er seit seiner Kindheit immer wieder als Mittel genutzt hatte, um seinen Machtbereich auszubauen.

Nach Ansicht eines der Vernehmungsoffiziere war das Raketenteam «eine eng verbundene Arbeitsgemeinschaft, sorgfältig ausgewählt und nachhaltig gelenkt durch Dr. Dornberger und Prof. von Braun»[127]. Dabei fungierte vor allem die Aussicht auf eine weitere Mitarbeit im Team als internes Disziplinierungsmittel. Denn die wenigen Auserwählten, die mit in die USA reisen durften, entgingen dem Elend in Deutschland sowie einer möglichen Bestrafung durch die Siegermächte. Auf diese Weise

Neubeginn in den USA: die Kernmannschaft aus Peenemünde im Jahre 1946 in White Sands, New Mexico. Siebter v. r. in der ersten Reihe Wernher von Braun; vierter v. l. Arthur Rudolph, zuvor Betriebsdirektor des «Mittelwerks», der 1984 die USA wieder verlassen mußte

setzte von Braun eine «strikte Sprachregelung»[128] durch, die zu einer bemerkenswerten Synchronisierung der Erinnerungen der Ex-Peenemünder führte. Sie bildeten eine «verschworene Gemeinschaft»[129], deren Schicksal davon abhing, daß alle zusammenhielten und den Mythos «Peenemünde» kultivierten. So entstanden die Legenden zur nazideutschen Raketenforschung, die oftmals nicht den Tatsachen entsprechen, wie die Analyse der historischen Quellen zeigt.

Die Politik der sanften Erpressung funktionierte auch in Fort Bliss recht gut. Mit der Drohung, nach Deutschland zurückzukehren, erreichten die Peenemünder beispielsweise, daß sie das Schwimmbad benutzen durften. Hamill berichtete später, von Braun habe «Notizen [verfaßt], in denen er drohte, die Organisation zu verlassen, wenn ich dies oder das nicht täte»[130], und damit etliche Zugeständnisse erwirkt. Beispielsweise erhielt das Raketenteam die Erlaubnis, unter Umgehung der geltenden Vorschriften Freßpakete an die Angehörigen in Deutschland zu schicken.

Diese Entwicklungen sind nur verständlich vor dem gewandelten politischen Hintergrund, der eine dauerhafte Arbeit der Deutschen in den USA immer wahrscheinlicher machte. Im März 1946 lief das Projekt «Paperclip» (Büroklammer) an, das die Bedingungen für einen Aufenthalt in den USA sowie für eine Einbürgerung deutscher Wissenschaftler erleichterte. Im Kontext des sich anbahnenden kalten Krieges spielten die Entnazifizierungsbestimmungen eine immer geringere Rolle. Da von Braun allerdings im Herbst 1947 immer noch als Sicherheitsrisiko eingestuft war, wurden die Akten gefälscht und die Sicherheitseinschätzung in «möglicherweise keine Bedrohung»[131] umgewandelt. Auch behinderte das Heereswaffenamt die Nachforschungen der amerikanischen Ankläger im Rahmen des Dora-Nordhausen-Kriegsverbrecherprozesses 1947 derart, daß keine Anklage gegen von Braun erhoben werden konnte.

Das Klima einer zunehmenden Verdrängung der nationalsozialistischen Vergangenheit machte es möglich, das Leben der Deutschen schrittweise zu normalisieren. Im Oktober 1946 wurde ihre Anwesenheit erstmals publik. Die Mitglieder des Raketenteams erhielten eine größere Bewegungsfreiheit, die sie für Ausflüge in die Umgebung oder in umliegende Städte nutzten. Allerdings durfte von Braun wegen seiner Arbeit an geheimen Militärprojekten lange Zeit nicht nach Übersee reisen; erst Ende der fünfziger Jahre konnte er sich wieder frei bewegen und auch Deutschland und Europa besuchen. Zudem wurden die Verträge der Deutschen verlängert und ihre Gehälter auf 4300 bis 7500 Dollar pro Jahr erhöht. Schließlich erhielten sie die Erlaubnis, ihre Familien in die USA zu holen. Das Kriegsministerium gestattete auch Presseinterviews, die allerdings eine gemischte Resonanz hervorriefen. Besonders negativ fiel auf, daß sich einer der deutschen Raketentechniker über das fade amerikanische Essen beschwerte – ein wenig taktvolles Benehmen, das zeigt, in

Hochzeit mit Maria von Quistorp, 1947. Im Hintergrund rechts die Eltern Emmy und Magnus von Braun, zweiter von links Wernhers Bruder Sigismund

welch geringem Maße die Peenemünder sich zu Dank verpflichtet fühlten.

Die VIP-Behandlung, die von Braun zuteil wurde, verdeutlichen die Umstände seiner Hochzeit mit seiner Kusine Maria von Quistorp im Jahre 1947. Obwohl er ein charmanter und attraktiver Typ war – ein Mann, den «Frauen als ‹interessant› bezeichnen würden»[132] –, hatten in seinem Leben zuvor nur zwei Frauen

eine Rolle gespielt: Hanna Reitsch, die spätere Geliebte des Luft-
waffenchefs Robert Ritter von Greim, und eine Berliner Sportleh-
rerin, die von Braun 1943 heiraten wollte. Aus unbekannten
Gründen fand die Hochzeit jedoch nicht statt. Als Ende 1946 die
ersten Familien in Fort Bliss eintrafen, wurde für von Braun das
Thema Eheschließung wieder aktuell, wobei die Wahl auf seine
achtzehn Jahre alte Kusine fiel. Er korrespondierte mit ihr und
schrieb dann einen Brief an seinen Vater: *Nachdem wir ja jetzt wieder leben wie im Mittelalter, muß ich Dich bitten, einen ungewöhnlichen
Auftrag für mich zu übernehmen. Kannst Du nicht mal als mein Braut-
werber zu meiner Kusine Maria fahren und ihr sagen, ich möcht' sie
heiraten?*[133] Nach der schriftlichen Verlobung reiste von Braun im
Februar 1947 nach Deutschland, um seine sechzehn Jahre jünge-
re Frau am 1. März in Landshut zu heiraten. Dies geschah unter
strenger Bewachung durch das US-Militär, das nach wie vor eine
Entführung von Brauns durch die Russen befürchtete. Nach kur-
zem Aufenthalt reiste das frisch vermählte Paar in die USA und
nahm Wernhers Eltern mit, deren Gut in Schlesien enteignet
worden war; die Eltern kehrten 1952 nach Deutschland zurück.
Maria und Wernher bekamen drei Kinder: 1948 wurde die Tochter Iris Careen geboren, 1952 folgte Margrit Cecile und 1960 der
Sohn Peter Constantine. Da von Braun 1945 illegal in die USA
gebracht worden war, wurde Ende 1949 eine Einreise aus Mexiko
fingiert, damit er einen Antrag auf Einbürgerung stellen konnte.
Nach den gesetzlich vorgeschriebenen fünf Jahren Wartezeit
wurde er am 14. April 1955 amerikanischer Staatsbürger.

Auch beruflich ging es voran. Die Zündung der sowjetischen
Atombombe am 29. August 1949 und der Ausbruch des Koreakriegs im Juni 1950 bewirkten eine Kehrtwende der amerikanischen Politik, die nun durch die Entwicklung modernster Waf-
fensysteme eine sowjetische Überlegenheit zu verhindern versuchte. Es wurden etliche Raketen- und Satellitenprojekte der
Jahre 1945/46 reaktiviert und neue Rüstungsprogramme aufge-
legt. Wie schon in den dreißiger Jahren profitierte von Braun
auch diesmal von dem Aufrüstungsboom, der ihm wieder ein Raketenforschungszentrum bescherte.

ATOMRAKETEN FÜR DIE USA (1950–1955)

Schon im Mai 1947 war allen Beteiligten klargeworden, daß die Anlagen in New Mexico auf Dauer nicht ausreichen würden. Eine von White Sands gestartete V-2-Rakete war irrtümlich nach Mexiko geflogen und in der Stadt Juárez in der Nähe einer großen Menschenmenge eingeschlagen. Wie durch ein Wunder hatte es keine Toten und Verletzten gegeben. Die Wahl fiel auf Cape Canaveral (Florida) als neues Raketen-Testgelände, das wie Peenemünde direkt am Meer lag. Von Braun und sein Team zogen in das 1000 Kilometer entfernte Huntsville (Alabama), wo das Heereswaffenamt am 1. April 1950 das stillgelegte Redstone Arsenal reaktivierte, um dort ein Raketenforschungszentrum zu errichten, in dem die verstreuten Aktivitäten konzentriert wurden. Von Braun erhielt wie in Peenemünde den Posten des Technischen Direktors der Abteilung für Fernlenkraketen (Guided Missiles Development Division), die rasch expandierte und von knapp 1000 Mitarbeitern im Jahre 1950 auf über 2000 Mitarbeiter fünf Jahre später anwuchs. Alle leitenden Posten wurden von Deutschen eingenommen; gebürtige Amerikaner kamen nur für untergeordnete Stellungen in Frage. Selbst Anfang der sechziger Jahre, als «das Saturn-Programm begann, war jeder der dreizehn Abteilungsleiter unter von Braun ein ehemaliger Peenemünder» [134].

Von Braun leitete das neue Raketenzentrum nach den bewährten Prinzipien einer auf seine Person zugeschnittenen, zentralistischen Organisation, deren Führungspersonal ihm treu ergeben war. Auch in Huntsville wurde Qualitätskontrolle großgeschrieben; für von Braun war dies der *Schlüssel zum Erfolg bei Fernlenkraketen* [135], so der Titel eines programmatischen Artikels aus dem Jahre 1956. Mit seiner «klaren Befehlshierarchie» [136] unterschied sich Huntsville von anderen Forschungszentren wie dem Jet Propulsion Laboratory, das als «Künstlerkolonie» [137] mit einer lockeren Struktur beschrieben wurde. Von Braun setzte zudem das schon in Peenemünde praktizierte «Inhouse»-Konzept durch, das von der Entwicklung bis zur Pilotproduktion alles unter einem Dach vereint. Wenn externe Aufträge vergeben werden mußten, wurde deren Ausführung penibel überwacht. Dieses Verfahren hob sich von dem Kontraktsystem der US Air Force ab, das eine Vergabe eigenständiger Unteraufträge an industrielle Partner vorsah.

Von Brauns Managementstil blieb patriarchalisch. Zwar legte er großen Wert auf Teamwork, auf offene *Kommunikation von oben nach unten und von unten nach oben* [138]. Er honorierte Ehrlichkeit und Aufrichtigkeit. Sein Denken war stets positiv und nach vorn gerichtet. Er hat seine Mitarbeiter nie angebrüllt, sondern mit ihnen gemeinsam nach Lösungen für auftretende Probleme gesucht. Aber die Entscheidung lag letztlich bei ihm, dem Teamführer. Von Braun blieb Egozentriker. Eine seiner Unarten war es, sich in ein Gespräch einzumischen und es in eine andere Richtung zu lenken, was ihm dank seiner Redegewandtheit und seiner humorvollen Art nicht schwerfiel. Wenn ihn etwas nicht interessierte, hörte er einfach nicht zu. Manchmal wechselte er sprunghaft seine Meinung und mochte sich nicht daran erinnern, daß er zuvor eine andere Position vertreten hatte – verlangte aber von seinen Mitarbeitern, seine Kehrtwendung mitzuvollziehen.

Das deutsche Raketenteam hielt nicht nur bei der Arbeit zusammen; auch in der Stadt Huntsville bildete sich eine «deutsche Enklave» [139]. Obwohl das feucht-tropische Klima vor allem im Sommer oft unerträglich war, trugen das eigene Haus und das eigene Auto dazu bei, daß die Ex-Peenemünder zu ihrem gewohnten Lebensstil zurückfanden und sich in Huntsville zunehmend heimisch fühlten. Ihre Integration bereitete wegen mangelnder Sprachkenntnisse zunächst einige Probleme. Auch zeigte sich die ansässige Bevölkerung anfangs reserviert, und die deutschen Kinder mußten damit fertig werden, daß sie von Mitschülern gelegentlich als Nazis beschimpft wurden. Mit der Zeit normalisierte sich jedoch das Leben, und die späteren Erfolge von Brauns machten ihn zu einem Helden der Stadt, die sich stolz den Titel «Weltraum-Hauptstadt» [140] gab.

Das Raketenteam in «Peenemünde-Süd» [141], wie die Einrichtung in Huntsville bald genannt wurde, erhielt von der Armee 1950 den Auftrag, eine atomar bestückbare Boden-Boden-Rakete mit einer Reichweite von 800 Kilometern und einer hohen Treffgenauigkeit zu entwickeln. Wegen des Koreakrieges bekam die-

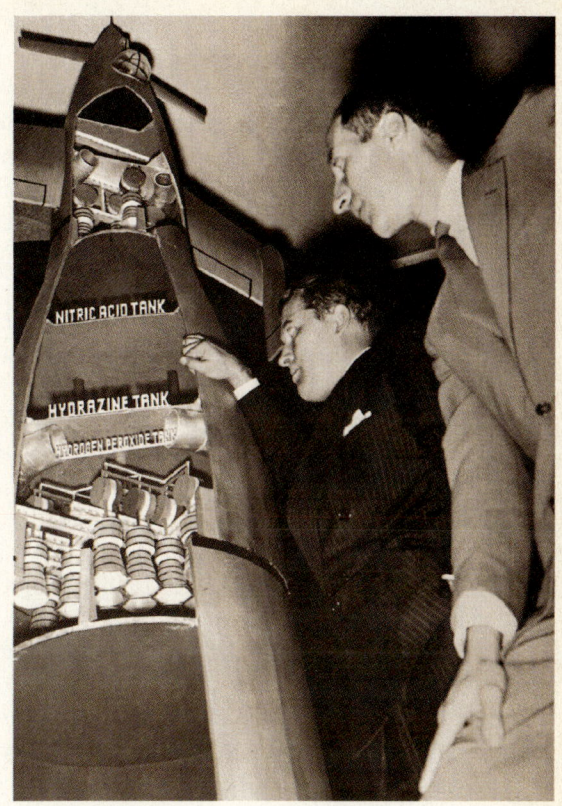

Wernher
von Braun
und Milton
W. Rosen
vor dem Mo-
dell eines
Raumschiffs,
1952

ses Projekt eine besondere Priorität. 1951 wurde die Nutzlast der
«Redstone», so die Kurzbezeichnung der Rakete, auf drei Tonnen
hochgesetzt, dafür reduzierte man ihre Reichweite auf 320 Kilometer.

Die Redstone stellte einen qualitativen Fortschritt der Waf-
fentechnik dar, denn sie kombinierte erstmals Rakete und Atombombe. Zudem konnte der Sprengkopf von der Rakete getrennt
werden und mittels einer neuartigen Trägheitssteuerung präzise
auf kleinflächige Ziele wie gegnerische Stellungen, Kommando-
zentralen etc. gelenkt werden. Die Fähigkeit, *konventionelle oder
nukleare Sprengköpfe mit Überschallgeschwindigkeit exakt auf ein Ziel*

zu schießen[142], war der entscheidende Unterschied zur militärisch wertlosen V 2. Die Redstone, deren Erstflug am 20. August
1953 stattfand, war die erste einsatzfähige atomare Mittelstreckenrakete der Welt, die nach etlichen Modifikationen 1958
schließlich in Europa stationiert wurde. Mit den ebenfalls in
Huntsville entwickelten Jupiter- und Pershing-Raketen trug sie
zu dem Gleichgewicht des Schreckens bei, das die Menschheit
bis zu den Abrüstungsabkommen der siebziger und achtziger
Jahre in Atem hielt. Obwohl von Braun maßgeblich an der Entwicklung der Atomrakete beteiligt war und dazu auch publiziert
hat, wird dieser Abschnitt seines Wirkens in den meisten Darstellungen übersprungen.

Der erste Auftrag, den von Braun in den USA übernahm, war
also wieder ein Rüstungsprojekt, das er und seine Mitarbeiter
keineswegs widerwillig, sondern «mit Begeisterung»[143] durch-
führten. Seine opportunistische Einstellung zur Rüstungsforschung hatte sich trotz der Erfahrungen in Nazi-Deutschland
nicht gewandelt: Er verfolgte eine Vision, goß diese in ein Projekt
und konnte sich dadurch ein komfortables Leben leisten. Auch
seinen soldatischen Tugenden blieb er treu: «Er war seinen Vorgesetzten gegenüber immer absolut loyal, er bemühte sich nach
Kräften, […] ein guter Team-Partner zu sein, und er hatte die ihm
zugeteilten Projekte immer voll unter Kontrolle.»[144] Von Braun
lebte in einer Welt des Befehls und Gehorsams, in der er sich
wohl fühlte, solange er persönliche Freiheiten genoß.

Seine ursprünglichen Pläne für die Arbeit in Huntsville waren über das Projekt Redstone hinausgegangen. Bereits 1949 hatte er, angeregt durch Toftoy, Pläne für eine große Mehrzweck-
Startrakete konzipiert, die er in den folgenden Jahren präzisierte
und Anfang der fünfziger Jahre in mehreren Abhandlungen ausführlich schilderte. Darin entwarf er das Szenario einer militärisch genutzten Raumstation, die sowohl als Aufklärungsplatt-
form als auch als Abschußrampe für Atomraketen fungieren
und so den USA die Beherrschung der Welt ermöglichen sollte.
Dieses futuristische «Krieg-der-Sterne-Szenario» basierte auf einer riesigen, dreistufigen Flüssigtreibstoff-Rakete mit 90 Metern
Höhe, 7000 Tonnen Startgewicht und einer Nutzlast von 36 Ton-

Raketenprojekte Wernher von Brauns

Bezeichnung	Funktion	Erstflug	Länge (m)	Startgewicht (t)	Schub (kp)	Nutzlast (kg)	Reichweite (km)
A 1	Prüfstandversuche	(1933)	–	–	300	–	–
A 2	Testrakete	Dez. 1934	1,61	107 kg	300	0	–
A 3	Testrakete	Dez. 1937 (Fehlstarts)	6,74	740 kg	1500	0	–
A 5	Testrakete	Okt. 1938	6,74	740 kg	1500	0	18
A 4	Mittelstreckenrakete V 2	Okt. 1942	14,30	13	25000	1000	270–385
A 9/A 10	Interkontinentalrakete	(1941, Konzept)	26,00	100	205000	1000	5000
Mehrzweck-Startrakete	Trägersystem	(1949, Konzept)	90,00	7000	15000000	36000	–
Redstone	atomare Mittelstreckenrakete	Aug. 1953	21,00	28	34000	3000	320
Jupiter C	Testrakete	Sept. 1956	21,73	29	37650	15	–
Jupiter	atomare Mittelstreckenrakete	März 1957	18,30	54	68000	1350	2400
Saturn 1B	Trägersystem für Apollo	Febr. 1966, bemannt: Okt. 1968	67,50	547	817200	16000	–
Saturn 5	Mondrakete	Nov. 1967, bemannt: Dez. 1968	105,00	2750	3944800	120000	–

nen. (Die Saturn 5 hatte eine Höhe von 105 Metern, ein Startgewicht von 2750 Tonnen und eine Nutzlast von 120 Tonnen.) Sie sei die *ultimative Waffe* für diejenige Nation, die sie zuerst besitze. Mit Hilfe der Raketentechnik ließen sich somit *die Probleme des Weltfriedens [...] lösen* [145].

Von Brauns Konzept sah vor, die dritte Stufe der Superrakete in eine 1730 Kilometer hohe Umlaufbahn um die Erde zu bringen, auf der sie – wie heutige Aufklärungssatelliten – jeden Punkt der Erde in 24 Stunden einmal überfliegt. Mit zwölf bis vierzehn Flügen ließe sich eine *Raumstation* in Form eines Rades mit 80 Metern Durchmesser montieren, in der sich 200 bis 300 Astronauten aufhalten könnten. Deren Nutzen bestehe vor allem in der militärischen Aufklärung, denn ein weltraumgestütztes Radar-Teleskop sei in der Lage, *jeden Eisernen Vorhang aufzuziehen* und so *jegliche Form großangelegter Militärbewegungen ernsthaft abzuschrecken* [146]. Auf diese Weise ließe sich ein dritter Weltkrieg verhindern. Das Konzept paßte maßgeschneidert zu der Bedrohungslage, die sich aus dem Überraschungscoup Nordkoreas ergeben hatte. Denn dieser hatte etliche Defizite der amerikanischen Aufklärung aufgedeckt.

Von Braun pries die Raumstation zudem als *Startplattform für Raumraketen* an, *gegen die es kaum eine Gegenwehr gibt* [147]. Das Verfahren der Steuerung dieser atomar bestückten Raketen in ihre Ziele – Raketen- und Kommandostellungen, aber auch Atomkraftwerke – beschrieb er ausführlich und ohne moralische Bedenken. Das Problem der Verwundbarkeit der Raumstation brachte ihn schließlich dazu, einen Präventivschlag zu empfehlen, der den Gegner – die Sowjetunion – daran hindere, selbst Raumfahrtkapazitäten aufzubauen. *Wenn es uns gelingt, [...] unseren künstlichen Satelliten mit seinen Weltraum-Boden-Raketen einsatzbereit zu machen, können wir jeden Gegner bei seinem Versuch, unsere Festung im All herauszufordern, kalt erwischen. Die Raumstation kann jedes feindliche Raumfahrzeug noch vor seinem Start mit absoluter Sicherheit zerstören.* [148]

Diese Allmachtsphantasien erinnern an die *Lunetta*-Erzählung von 1930 und die dort ausgebreitete technokratische Vision der Weltbeherrschung. Sie verweisen zudem auf Peenemünde, denn auch dort sollte eine ultimative Waffe entwickelt werden. In der Geschichte der Kriegstechnik hat sich die Hoffnung auf Überwindung des Krieges mit technischen Mitteln jedoch stets als trügerisch erwiesen, weil neue Waffen oft nicht die erwarteten Leistungen erbringen und zudem Gegenmaßnahmen provozieren. Militärstrategisch war von Brauns Konzept wenig plausibel, denn das Risiko einer Stationierung von Atomraketen im All sowie die Möglichkeit einer heimlichen Nach-Rüstung des Gegners waren kaum von der Hand zu weisen. Kritiker wiesen ferner darauf hin, daß die Raumstation – ein nicht-gepanzerter riesiger Plastikschlauch – mit geringem Aufwand angegriffen und zerstört werden könnte, und sie argumentierten, daß die Dimensionen der von Braunschen Riesenraketen weit jenseits dessen lägen, was in Fachkreisen für machbar gehalten wurde. Von Braun galt als «der umstrittenste Raketenforscher der Welt», dessen Auftreten «erbitterte Dispute»[149] auslöste. Viele hielten von Braun für einen «lästigen Verrückten», der mit düsteren Prophezeiungen versuche, «eine Angstpsychose unter den Militärs [auszulösen], um seine ehrgeizigen Pläne schneller verwirklichen zu können»[150]. Das Pentagon, um dessen Unterstützung er warb, zeigte sich allerdings desinteressiert, gewann doch die Alternative einer Kombination unbemannter Aufklärungssatelliten mit boden- bzw. U-Boot-gestützten Interkontinentalraketen Anfang der fünfziger Jahre langsam an Konturen.

Mit dem Konzept einer weltraumstrategischen Dominanz war von Braun weitergegangen, als es für die Legitimation der raketenforschung in Huntsville erforderlich gewesen wäre. Er hatte sich zu einem Advokaten des Wettrüstens gemacht, das in den fünfziger Jahren in Gang kam. Und er profilierte sich als Vordenker der Militarisierung des Weltalls, für den die Formel galt: *Wer den Weltraum beherrscht, beherrscht auch die Erde.*[151] Wie schon in Nazi-Deutschland plazierte er seinen Traum, eine Superrakete zu bauen, geschickt in den politisch-militärischen Kontext. Sein Stil, Interessenpolitik zu betreiben, blieb unverändert. Zudem hatte er wiederum keine Skrupel, Menschenopfer in Kauf zu nehmen: *Wir hoffen, daß wir sie [die Weltraumwaffen] nicht benutzen müssen, aber wir wollen einen maximalen Abschreckungseffekt, kombiniert mit einer maximalen Zerstörungswirkung, wenn der schlimmste Fall eintritt.*[152] Nichtmilitärische Anwendungen der Raumstation erwähnte von Braun ebenfalls, allerdings nur am Rande und sehr vage: Nach Bewältigung ihrer eigentlichen Aufgabe, der Verhinderung eines dritten Weltkriegs, könne die Raumstation auch als *Sprungbrett für den Aufbruch des Menschen ins Weltall*[153] fungieren. Und er skizzierte diese Perspektive folgendermaßen: *Der von Menschenhand erbaute künstliche Satellit kann zwar eine schreckliche Waffe sein, aber es ist zu hoffen, daß er hauptsächlich friedlicher Forschung dienen wird.*[154]

Mit dem Ende der heißen Phase des Koreakriegs im Juli 1951 zeichnete sich ab, daß die Raketenforschung der Armee ein zu unsicherer Weg zur Realisierung der Superrakete und der Raumstation war. Die Mittel für die Redstone wurden gekürzt, und die ersten Mitarbeiter wanderten in gutbezahlte Positionen in der Industrie ab. Zudem wurde die 1947 gegründete US-Luftwaffe mit ihren Raketenprojekten ein immer stärkerer Konkurrent, was Befürchtungen aufkommen ließ, die Armee könnte aus der Raketenforschung verdrängt werden. In dieser Situation wandte sich von Braun an die Öffentlichkeit – ein für ihn ungewöhnlicher Schritt, den er letztmalig 1932 mit dem «Umschau»-Artikel getan hatte. Eigentlich bevorzugte er das «Modell Peenemünde» – eine gut ausgestattete Forschungsanstalt, in der er schalten und walten konnte, ohne daß ihm jemand hineinredete: *Der ideale Zustand ist, 100 % Geheimhaltung zu haben und all das Geld, das wir brauchen.* Er forderte, die Forschung gegenüber Störungen abzuschirmen und ausschließlich anhand ihrer Resultate zu beurteilen. *Ich wünschte, jemand hätte die Autorität, mir zu sagen: «Einverstanden, wir lassen dich für zwei Jahre in Ruhe, aber wenn du keinen Erfolg hast, wirst du einen Kopf kürzer gemacht.»*[155] Im Gegensatz zur Sowjetunion, auf die von Braun ausdrücklich verwies, war dies in den USA nicht möglich. Hier war eine aktive Öffentlichkeitsarbeit unabdingbar, um politische Unterstützung und finanzielle Förderung zu erhalten.

Da Verhältnisse wie in Peenemünde in den USA Anfang der fünfziger Jahre nicht durchzusetzen waren, mußte von Braun auf ungewohntem Wege für seine Projekte werben. Er hielt Vor-

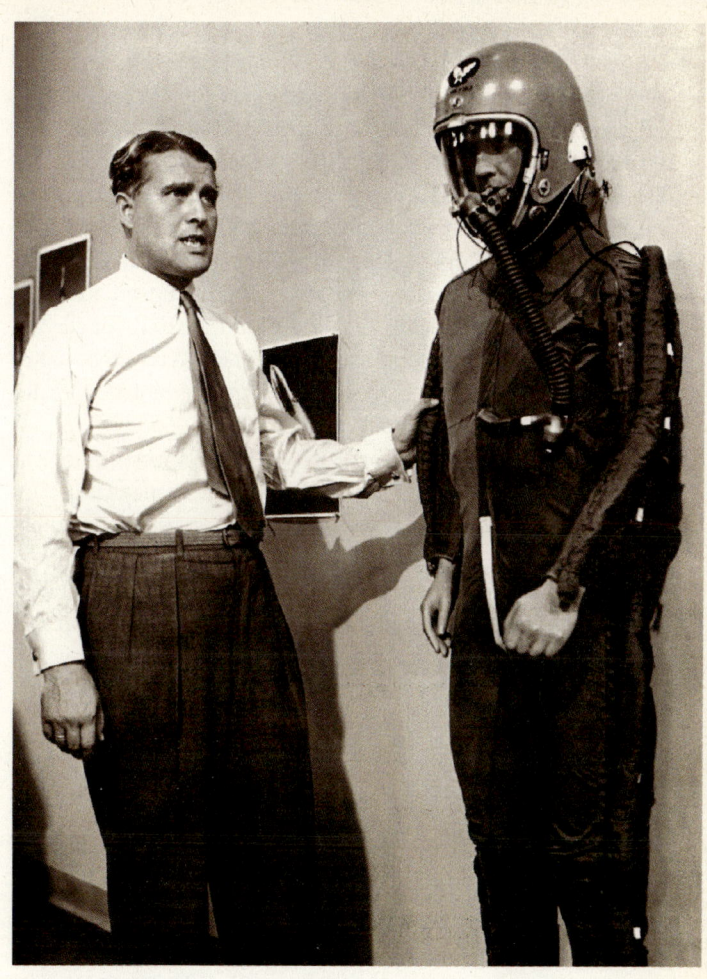

Wernher von Braun in der Disneyland-Schau «Männer im Weltraum» mit dem Modell eines Flieger-Höhenanzugs

träge, gab Interviews, schrieb Artikel für populäre Magazine und trat im Fernsehen, sogar in Kindersendungen, auf. Er wurde zu *einer Art Prediger* [156]. Von Braun, der selbst als Vierzigjähriger eine attraktive Erscheinung war und sich sein jugendliches Aussehen und seinen jungenhaften Charme bewahrt hatte, verstand es mittlerweile auch in der neuen Sprache, sein Publikum in den Bann zu ziehen und für sein Anliegen zu begeistern. Erster Höhepunkt seiner publizistischen Aktivitäten war ein Symposium im Hayden-Planetarium in New York am 12. Oktober 1951, das eine große Resonanz hatte. Die Beiträge erschienen in einer bekannten Zeitschrift, dem «Collier's Magazine», wo von Braun und seine Mitstreiter in einer Artikelserie von März 1952 bis April 1954 ihre Projekte in populärer Form vorstellen und so für die Raumfahrt werben konnten. Der Erfolg war überwältigend, und von Braun war auf einen Schlag eine berühmte Persönlichkeit. Vor allem seine Idee eines Flugs zum Mond prägte das Bild des «Kolumbus des Alls»[157] in der Öffentlichkeit und verhalf der Idee der bemannten Raumfahrt zum Durchbruch.

Zudem wurde Walt Disney auf von Braun aufmerksam. Am 9. März 1955 wurde der aufwendig produzierte Disney-Film «Der Mensch im Weltraum» im Fernsehen ausgestrahlt, was erheblich zur Popularisierung der Raumfahrtidee beitrug. Es folgten die Filme «Der Mensch und der Mond» und «Der Mars und weiter». Diese Medienaktivitäten steigerten von Brauns Ruhm derart, daß seine Autogramme unter Schülern im Verhältnis zwei zu eins gegen Elvis-Presley-Autogramme getauscht wurden. Auch Präsident Dwight D. Eisenhower, der sich zu dieser Zeit erstmals mit Raumfahrtplanungen befaßte, war beeindruckt.

Um diese Popularität zu erreichen, hatte von Braun wie ein Besessener gearbeitet. Er war ein Workaholic. Ein Vierzehn-Stunden-Tag war nichts Außergewöhnliches, und auch von seinen Mitarbeitern verlangte er einen hohen Einsatz. *Ein Chef ist ein Mann, der bei seinen Mitarbeitern für Magengeschwüre sorgt*[158], sagte er einmal. Morgens war er immer der erste im Büro, arbeitete aber oft «bis weit nach Mitternacht, manchmal bis drei oder vier Uhr morgens»[159]. Dabei wurde viel Kaffee getrunken und geraucht; von Braun war Kettenraucher. Nachts saß er oft an seinem Teleskop oder schrieb seine Manuskripte. *Nach einem Tag anstrengender Besprechungen [...] ist es eine vergnügliche Entspannung, sich auf die Mondoberfläche zu versetzen und mit einer bunten Beschreibung all der aufregenden Abenteuer, die einen Astronauten dort erwarten, anzufangen ... Ich mixe mir einige Martinis, lege eine*

Platte mit Brandenburgischen Konzerten auf und schreibe und schreibe ..., bis Maria aufsteht und mich daran erinnert, daß ich in zwei Stunden im Büro sein muß.[160]

Für die Familie blieb kaum Zeit; seine Frau beklagte sich darüber, «mehr mit einer Rakete als mit irgend etwas anderem verheiratet zu sein»[161]. Ihr erging es ähnlich wie vielen «Raumfahrerwitwen»[162], die ihre Männer kaum zu sehen bekamen. Tochter Iris schlug ihrem Vater im Alter von sieben Jahren vor, «er solle doch seine Stellung aufgeben, einen Drugstore kaufen und wie andere schön brav zu Hause bleiben»[163]. Zudem pflegte von Braun seine vielen Hobbys mit großer Leidenschaft, wobei er den gleichen Perfektionismus an den Tag legte wie bei der Arbeit. 1933 hatte er seinen ersten Pilotenschein erworben, den er später durch weitere Lizenzen ergänzte. Wie schon in Peenemünde flog er, so oft er konnte. Am Wochenende war er oft zum Tauchen, Segeln, Wasserskifahren, Wandern oder Reiten unterwegs – von Brauns Faszination für sportliche Aktivitäten kannte keine Grenzen. Er war ein Genußmensch, der auch gegenüber der Familie seinen persönlichen Freiraum nicht preisgeben wollte. Dennoch wird berichtet, er sei «ein glücklicher Familienvater»[164] gewesen, der so oft wie möglich mit Frau und Kindern zusammen war.

Seine Frau machte sich einen Spaß daraus, den Raketen-Genius öffentlich bloßzustellen: «Mein Mann [...] kennt sich im ganzen Bereich der Technik aus; er dirigiert einen Stab von Wissenschaftlern und kennt die Millionen Einzelteile, die zu einer großen Rakete gehören – aber in unserem Haushalt funktioniert mancher elektrische Schalter nicht, im Augenblick streikt auch die Waschmaschine, und ich muß lange betteln, bis er diese Dinge wieder in Ordnung bringt. Ist das nicht ein Witz?»[165] Auf einer Party erfuhr von Braun, daß seine Frau Reparaturen im Haus selbst durchführte und eine Bohrmaschine besaß. Auf sein Erstaunen reagierte sie schnippisch: «Das macht auch nichts, Wernher, denn du könntest mit der Bohrmaschine sowieso nicht umgehen, und du würdest dich sicher verletzen.»[166]

Über das Privatleben der Familie von Braun ist ansonsten wenig bekannt. Lediglich ein Aufsatz der Tochter Margrit, den

Wernher von Braun mit Frau und Kindern in Washington, 1967

eine Lokalzeitung 1963 abdruckte, erlaubt einen Blick hinter die Kulissen. Über ihren Vater schrieb sie: «Seine Lieblingsessen sind Spaghetti, Steak, Fisch und chinesische Gerichte ... Das einzig Merkwürdige ist, daß er nach dem Essen immer die Kalorien zählt. Er benimmt sich zuhause sehr gut, aber manchmal muß

Mutter ihn daran erinnern, daß er die Ellbogen vom Tisch nehmen soll ... Vater versucht immer, der große Alleskönner im
Haus und im Garten zu sein. Meist gelingt es ihm, aber sehr oft
muß er die ganze Stadt nach einem bestimmten Teil absuchen
und bringt dann doch das falsche mit ... Wenn meine vierzehn-
jährige Schwester sich schlecht benimmt, wird er sehr zornig auf
sie und hält eine lange Rede, was in der Regel hilft. Wenn meine
Schwester und ich uns streiten – Mann, was wird er da wütend.
Er schreit dann immer: ‹Ich komme von der Arbeit nach Hause,
um ein bißchen Frieden und Ruhe zu haben und mich mit eurer
Mutter zu unterhalten!›»[167] Die von Brauns waren eine Familie
mit konventioneller Rollenverteilung: Marias Aufgabe war es,
ihrem Mann den Rücken freizuhalten, damit dieser den Werbe-
feldzug für seine Raumfahrtprojekte führen konnte.

Das Projekt, das von Braun im «Collier's Magazine» und im
ersten Disney-Film präsentierte, war die orbitale Aufklärungs-
und Kampfstation, die er um weniger kriegerische Vorhaben wie
die astronomische Forschung, die Erdbeobachtung, die Wetter-
vorhersage sowie Flüge zum Mond, zur Venus und zum Mars ergänzte. Die militärischen Anwendungen bildeten jedoch den
Schwerpunkt seiner Darstellungen zur Raumstation, die er wiederum als *überlegenen Beobachtungsposten* präsentierte, dessen
*Teleskope und Kameras [...] es keiner Nation mehr gestatten, Kriegs-
vorbereitungen für längere Zeit zu verbergen.* Daneben finden sich
erstmals nachdenkliche Untertöne, die das Konzept einer Kriegs-
verhinderung durch Präventivschläge in Frage stellen: *Obwohl
eine Präventivaktion der Raumstation richtig gewesen sein mag, kann
ihre Abwehrrakete der erste Schuß in einem Krieg sein, den sie eigentlich verhindern wollte.*[168] Aber er schob diese Bedenken beiseite
und beharrte auf einer Politik der Stärke, die auf der Beherrschung des Weltraums basiert.

Detaillierter als zuvor beschrieb von Braun die dreistufige
Superrakete, deren dritte Stufe als bemannter, flugzeugähnlicher
Gleiter konzipiert war. Die Lebens- und Arbeitsbedingungen im
Weltall, aber auch die ungelösten Probleme der Rückkehr zur Er-
de, bei der das Raumfahrzeug zu verglühen droht, schilderte er
plastisch und für Laien verständlich. Er schlug zudem vor, die

Raumstation in Rotation zu versetzen, um eine *künstliche Schwerkraft* zu erzeugen und den Aufenthalt an Bord erträglicher zu machen. Bereits Anfang der fünfziger Jahre stand für ihn fest: *Die Entwicklung der Raumstation ist so unabwendbar wie der Sonnenaufgang; der Mensch hat seine Nase bereits in den Raum gesteckt und wird sie nicht wieder zurückziehen.* Dabei seien vor allem die *militärischen Gründe* ausschlaggebend. Indem er die eigenen Visionen auf den Gegner projizierte, erzeugte er einen akuten Handlungsbedarf für die USA: *Wird die Weltraumstation nicht mit dem Ziel der Erhaltung des Friedens gebaut, dann kann sie von anderen [der UdSSR] als beispielloses Mittel der Vernichtung geschaffen werden. Unter dem Zwang solcher Überlegungen wird daher die Station im Weltall Wirklichkeit werden.*[169] Durch diese Einbettung seiner Pläne in ein geopolitisches Bedrohungsszenario hatte von Braun den Bau der Raumstation zu einem scheinbar unaufhaltsamen Sachzwang gemacht, der es für die amerikanische Regierung unausweichlich machen sollte, die Mittel für sein Projekt einer Superrakete zur Verfügung zu stellen. Diese Fixierung auf eine militär- und machtpolitische Begründung der Raumfahrt ist – so Rainer Eisfeld – «der militärische [...] Schatten, der auf alle Raumfahrtpläne Wernher von Brauns fiel»[170].

Angesichts der geringen Aussichten auf eine Förderung durch das Militär verschoben sich im Laufe der fünfziger Jahre jedoch die Begründungsmuster: Wissenschaftliche und kommerzielle Anwendungen der Raumfahrt sowie der Flug zum Mond oder zum Mars rückten immer mehr in den Vordergrund, ohne die militärischen Szenarien völlig zu verdrängen. Von Braun verstand es meisterlich, sein Lieblingsprojekt, die Superrakete, mal als ultimative Waffe, mal als Vehikel für den Mondflug zu vermarkten und sich so die erforderliche Unterstützung zu verschaffen. In der Betonung einer Doppelverwendbarkeit der Raumfahrttechnik kommt allerdings eine gewisse Unentschiedenheit von Brauns zum Ausdruck, die im Gegensatz zu der immer wiederkehrenden Behauptung steht, er habe nur die Raumfahrt im Sinn gehabt. Eine derartige Fixierung auf eine einzige Option wäre angesichts der Tatsache, daß es bis zur Gründung der NASA im Jahre 1958 keine institutionelle Nische für die

Modell eines Mondschiffs für den Aufbau einer Mondstation.
Aus Wernher von Brauns Darlegungen im «Collier's Magazine»,
1952

nicht-militärische Raketenforschung gab, aus seiner Sicht nicht
opportun gewesen.

Die Eroberung des Mondes war das zweite Projekt, das Ende
1952 im «Collier's Magazine», später auch als Buch und Film der
Öffentlichkeit präsentiert wurde. Hier schilderte von Braun in allen Einzelheiten eine Expedition von drei Raumschiffen mit insgesamt fünfzig Mann Besatzung zum Mond, die während eines
sechswöchigen Aufenthaltes den Erdtrabanten erkunden und erforschen. Die 49 Meter hohen Gefährte sollten jeweils 3964 Tonnen wiegen, wovon 3900 Tonnen auf den Treibstoff entfielen.
Trotz dieser enormen Dimensionen stellte von Braun den Flug

zum Mond als ein leicht zu realisierendes Abfallprodukt der Raumstation dar, das zum Preis von nur 500 Millionen US-Dollar durchzuführen sei und somit ein *verhältnismäßig einfaches Unternehmen* darstelle. Diese sehr optimistischen Kalkulationen basierten auf einem Konzept, das später als «Erdorbit-Rendezvous-Manöver» bekannt wurde: Der Zusammenbau der *Mondschiffe* [171] sollte in der Erdumlaufbahn nahe der dort bereits kreisenden Raumstation erfolgen. Zum Transport der Elemente waren daher 360 Flüge der dreistufigen Superrakete erforderlich, deren Kosten in den 500 Millionen Dollar allerdings nicht enthalten waren. Raumfahrzeuge der Größenordnung, wie sie von Braun vorschwebten, hätte man nicht direkt von der Erde zum Mond starten können; dazu hätte es einer gigantischen Rakete bedurft, die damals ebensowenig wie heute realisierbar war. Von Braun schlug daher vor, die Raumstation als Basis für den Hin- wie den Rückflug zu nutzen.

Ähnlich wie der Flug zum Mond setzte auch die geplante Expedition zum Mars und zur Venus – von Brauns drittes Großprojekt – die Existenz der Raumstation wie auch einer Flotte von Superraketen als Infrastruktur voraus. Das Marsprojekt unterschied sich, abgesehen von der geplanten Dauer von zweieinhalb Jahren und dem höheren Treibstoffbedarf, kaum vom Mondflug: Auch hier bricht eine große Expedition von fünfzig bis einhundert Personen zum Nachbarplaneten auf und nutzt dabei die *Station im Weltraum* als *Sprungbrett* [172]. Welchem Zweck das Unternehmen dienen sollte außer dem der Eroberung des Weltalls, blieb jedoch ebenso offen wie im Falle des Mondflugs. In immer stärkerem Maße mußte von Braun – nach Wegfall der militärischen Legitimation – Motive bemühen, die rational schwer zu begründen sind, etwa die Neugier oder den Entdeckerdrang des Menschen.

Mit diesen drei Großprojekten – Raumstation, Mondflug, Marsflug – standen Mitte der fünfziger Jahre die Eckpfeiler des Raumfahrtprogramms fest, die von Brauns Wirken in der Folgezeit prägten. Sie beeinflußten zudem die amerikanische Raumfahrtpolitik, die mit dem Saturn-Apollo-Projekt in den sechziger Jahren, dem Space Shuttle in den achtziger Jahren und der internationalen Raumstation ab der Jahrtausendwende der Richtung folgte, die von Braun vorgezeichnet hatte – wenn auch in etwas kleinerem Maßstab und langsamerem Tempo.

Das Satellitenprojekt (1954 – 1957)

Mitte 1954 sah es so aus, als ob von Brauns Träume in Erfüllung gehen würden. Der Leiter der Marineforschung, George Hoover, und der Präsident der Internationalen Astronautischen Föderation, Frederick Durant, luden ihn und andere Raketenexperten zu einem Gedankenaustausch am 25. Juni 1954 ein. Die Beteiligten einigten sich auf ein gemeinsames Satellitenprojekt von Navy und Army: Die Marine würde einen 2,5 Kilogramm schweren Satelliten für die Weltraumforschung konstruieren, der mit der Redstone-Rakete im Sommer 1956 gestartet werden sollte. Das Projekt, das auf vorhandener Technologie basierte und bei einem Budget von nur 100 000 US-Dollar als «no-cost-satellite» firmierte, erhielt die Bezeichnung «Orbiter». Im September 1954 faßte von Braun die Planungen in einem geheimen Bericht mit dem Titel *A Minimum Satellite Vehicle* (Ein Minimalsatellit) zusammen. Hier bemühte er das Prestigeargument, um Druck auf die Entscheidungsträger auszuüben: *Die Herstellung eines von Menschenhand geschaffenen Satelliten, egal wie einfach er mit seinen fünf Pfund auch sein mag, wäre eine wissenschaftliche Leistung von enormer Tragweite. Da dieses Projekt innerhalb weniger Jahre mit der heute verfügbaren Raketen- und Steuerungstechnologie verwirklicht werden kann, ist es nur logisch anzunehmen, daß andere Länder das gleiche tun könnten. Es wäre ein schwerer Schlag für das Prestige der USA, wenn wir es nicht als erste täten.*[173] Von Braun inszenierte also den Wettlauf ins All, indem er potentiellen Konkurrenten seine eigenen Pläne unterstellte und damit die Notwendigkeit eines Sonderprogramms begründete. Im Januar 1955 wurde das Orbiter-Projekt dem Verteidigungsministerium unterbreitet, stieß dort aber nicht auf die erhoffte Resonanz.

Vorschläge für den Start künstlicher Erdsatelliten hatten seit 1945 Konjunktur. Der Science-fiction-Autor Arthur C. Clarke präsentierte bereits 1945 ein Konzept für Kommunikationssatelliten im geostationären Orbit. Ein besonderer Schub ging von der

Idee für ein «Internationales Geophysikalisches Jahr» (IGJ) aus, die unter Wissenschaftlern seit 1950 kursierte und zu dem Vorschlag führte, im Zeitraum 1957/58, einer Periode maximaler Sonnenaktivität, weltweit koordinierte Forschungen durchzuführen und dabei auch künstliche Satelliten einzusetzen. Nach langen Diskussionen empfahl der IGJ-Planungsausschuß am 4. Oktober 1954 den 67 beteiligten Staaten, «Überlegungen über den Abschuß von kleinen Satelliten anzustellen»[174]. Dieser Vorschlag entwickelte eine gewisse Eigendynamik und führte zu einem Wettlauf der Großmächte um die Gunst der Wissenschaftler der Welt. Am 28. Juli 1955 kündigten zunächst die USA, zwei Tage später auch die UdSSR den Start eines Satelliten während des IGJ an.

Die Wissenschaftler wußten allerdings nicht, daß hinter ihrem Rücken ein Spiel ablief, dessen Logik sie nicht kannten. Auch von Braun wurde immer wieder mit Weisungen aus Washington konfrontiert, die völlig unplausibel erschienen. Diese Entwicklungen sind nur im Gesamtkontext der amerikanischen Außen-, Militär- und Raumfahrtpolitik zu verstehen, deren Details lange geheim waren und erst in den achtziger Jahren vom amerikanischen Historiker Walter A. McDougall rekonstruiert wurden. Schon 1946 hatte die RAND Corporation, die Denkfabrik der Luftwaffe, eine Studie über einen Erdsatelliten vorgestellt, die dessen militärische Funktion als Aufklärungs- und Kampfstation, vor allem aber dessen wissenschaftlichen Nutzen und Prestigewert hervorhob. Am 4. Oktober 1950 legte sie eine aktualisierte Fassung dieses Geheimreports vor, die den politischen und militärischen Nutzen eines Erdsatelliten wesentlich detaillierter analysierte und nach Einschätzung McDougalls als die «Geburtsurkunde der amerikanischen Raumfahrtpolitik»[175] angesehen werden kann.

RAND betonte insbesondere die Verwendung von Aufklärungssatelliten als Mittel zur Beschaffung von Informationen über geschlossene Gesellschaften wie die UdSSR, die durch ihre strikte Geheimhaltung Einblicke erschwerten. Das größte Problem sah RAND in der ungeklärten Frage der Legalität von Satellitenüberflügen über fremdes Territorium. Für den Luftraum gab

es klare Regeln, nicht aber für den Weltraum. Wenn die Sowjetunion Überflüge in großer Höhe als feindlichen Akt interpre-
tieren würde, könnte dies unvorhersehbare Konsequenzen
haben, argumentierte RAND. Da Satellitenstarts nicht geheim-
gehalten werden konnten, schlug man vor, zunächst mit einem
als friedlich etikettierten «Experimental-Satelliten», der sowje-
tisches Gebiet nicht überfliegt, «die Frage des freien Zugangs
zum Weltraum [freedom of space] zu testen» und erst dann Aufklärungssatelliten hinterherzuschicken. Die publizistische und
«politische Handhabung von Satelliten wurde somit zum entscheidenden Faktor»[176] für die amerikanische Strategie. So fiel
am 16. März 1955 die Entscheidung der Air Force für ein streng
geheimes System von WS-117L-Satelliten; dies waren High-Tech-
Geräte und nicht simple «Piepser» wie Sputnik, der zwei Jahre
später die Welt in Aufregung versetzte. Den USA ging es weniger
um den Showeffekt als um die langfristigen strategischen Interessen. Das 1955 definierte Konzept bildete die Grundlage für die
Aufklärungssatelliten der Discoverer-Reihe, die ab Februar 1959
gestartet wurden und die Dominanz der USA in der militärischen Raumfahrt etablierten.

Die USA hatten also keine Eile, als erste Nation einen Satelliten zu starten. Von Brauns Übereifer mußte daher gebremst werden. Es war ein Spiel ungleicher Partner: «Washington wußte genau, was in Huntsville vor sich ging. Huntsville hingegen wußte
nicht, was in Washington geplant wurde.»[177] Das IGJ bot in dieser Situation den Präzedenzfall, auf den die Planer im Pentagon
warteten: Den Start eines Satelliten, dessen friedlicher Charakter
nicht zu bezweifeln war. Der mögliche Prestigeverlust für die
USA wurde zwar gesehen, aber der Schutz der geheimen Aufklärungssatelliten hatte absolute Priorität. Konkret ging es darum, deren Starts nicht von der Zustimmung internationaler Gre-
mien wie der UNO abhängig zu machen. Diese Zweigleisigkeit
wurde zum Markenzeichen der amerikanischen Raumfahrt, die
die zivilen Projekte oftmals als Schutzschild für militärische Vorhaben ge- bzw. mißbrauchte.

In diesem Kontext fiel die Entscheidung gegen das Projekt
«Orbiter», die für von Braun eine der größten Enttäuschungen

seines Lebens war, hatte er doch gehofft, den ersten amerikanischen Satelliten starten zu können. Ein vom Verteidigungsministerium eingesetzter Ausschuß unter Leitung von Homer Stewart entschied sich im August 1955 mit knapper Mehrheit gegen das Redstone/Orbiter-Konzept und für das Vorhaben der Navy, ihre Viking-Rakete zur leistungsstärkeren Vanguard weiterzuentwickeln und auf diese Weise den amerikanischen Beitrag zum IGJ zu realisieren. Rückblickend war dies eine Fehlentscheidung, aber die politische Logik des Beschlusses erscheint plausibel, ging es doch darum, die Dinge nicht zu überstürzen und das friedliche Image des amerikanischen Raumfahrtprogramms hervorzuheben. Die Redstone als atomare Mittelstreckenrakete hätte einen schlechten Werbeträger abgegeben, der wegen von Brauns Vergangenheit zudem anfällig für die politische Propaganda der Russen gewesen wäre.[178] Selbst im Lande waren viele der Meinung, daß «der erste amerikanische Satellit von Amerikanern und nicht von Deutschen gestartet werden sollte»[179]. Insofern paßte die von der US-Industrie entwickelte Viking besser in den politisch-strategischen Kontext als die Redstone.

Von Braun, der diese Hintergründe nicht kannte, gab jedoch nicht auf. Es hätte nicht zu ihm gepaßt, eine Weisung von oben einfach zu akzeptieren. Unermüdlich warb er für seine Pläne, wobei er den Politikern vorhielt, die Entwicklungen zu verschlafen. Denn der «Wettlauf zwischen der Sowjetunion und den USA im Weltraum» habe längst begonnen. Seiner Ansicht nach «fehlte eine energische Hand [...], die alle Pläne und ehrgeizigen Unternehmen hätte koordinieren können»[180]. Obwohl der Army alle Arbeiten an Satellitenprojekten untersagt worden waren, wurden die Pläne unter der Hand weiterverfolgt. *Wir in Huntsville konnten die Satelliten-Idee nicht einfach wegwerfen, und wir haben auch unsere satellitenbezogene Hardware nicht verschrottet.*[181] Zudem hatte von Braun Glück im Unglück; denn nach der Zündung der sowjetischen Wasserstoffbombe im Jahre 1953 begann 1954 das Wettrüsten mit Interkontinentalraketen, das nicht nur zwischen den verfeindeten Supermächten, sondern in zunehmendem Maße auch zwischen den amerikanischen Teilstreitkräften stattfand, die um einen möglichst großen Anteil am Verteidigungsbudget konkurrierten.

Am 21. Juni 1954 fiel die Entscheidung, das Air-Force-Projekt der Interkontinentalrakete «Atlas» mit höchster Priorität zu versehen. Um den Zeitraum von fünf Jahren zu überbrücken, der für ihre Entwicklung veranschlagt wurde, benötigte man eine rasch verfügbare Mittelstreckenrakete. Dies war eine einmalige Chance für die Army, die mit der Redstone das fortgeschrittenste Trägersystem der USA anzubieten hatte. Am 1. Februar 1956 wertete sie daher ihr Forschungszentrum in Huntsville auf, indem sie die Army Ballistic Missiles Agency (ABMA) unter Leitung von General John Medaris gründete. Von Braun blieb Direktor der Entwicklungsabteilung, die in Development Operations Division umbenannt wurde. Seine Aufgabe war nunmehr die Entwicklung

Wernher von Braun mit John Medaris (links) und J. E. Froelich in Cape Canaveral, 1958

der einstufigen Mittelstreckenrakete «Jupiter» mit einer Reichweite von 2400 Kilometern. Er war «überglücklich»[182], endlich das Projekt einer Großrakete in Angriff nehmen zu können, von dem er so lange geträumt hatte. Allerdings ging es wieder einmal um ein Waffensystem und nicht um eine Weltraumrakete, zu der die Jupiter in der legendenbildenden Literatur oftmals stilisiert wird. Mit Medaris hatte von Braun nun wieder einen Vorgesetzten, mit dem er sich bestens verstand, nachdem dies mit Toftoy nicht immer reibungslos geklappt hatte.

Der neue Auftrag war letztlich wertvoller als das Orbiter-Projekt. Denn mit der Jupiter-Rakete verfügte von Braun binnen kürzester Zeit über ein leistungsfähiges Trägersystem, das auch im Satellitengeschäft einen kostbaren Trumpf darstellte. Von Braun war sich dieser taktischen Möglichkeiten durchaus bewußt, denn er teilte seinen Mitarbeitern mit: *Wenn wir dann gebeten werden, einen Satelliten zu starten – und ich bin sicher, die Zeit wird kommen – fügen wir schnell eine dritte Raketenstufe hinzu, modifizieren das Steuer- und Kontrollsystem, setzen den Satelliten auf die Spitze, und wir sind im Geschäft, sogar ohne die Beschränkungen, die sie uns auferlegt haben, zu verletzen!*[183]

Das Jupiter-Projekt erhielt eine Top-Priorität, so daß reichlich Mittel flossen. Die Zahl der Mitarbeiter in von Brauns Abteilung, die 1955 bei 2000 gelegen hatte, stieg rasch auf 3500 und lag 1960 bereits über 4500. Angesichts des Mangels an Fachkräften in den USA wurden deutsche Experten nach Huntsville geholt, darunter Heinz-Hermann Koelle, der rasch zum Abteilungsleiter aufstieg.[184] Dennoch war von Braun nicht zufrieden, denn das ständige Hin und Her entsprach nicht seinen Wunschvorstellungen einer kontinuierlichen und von außen unbeeinflußten Arbeit. Er beklagte sich über den Zeitdruck, der mit Crash-Programmen und dem plötzlichen *Bedarf an weitreichenden Raketen* einherging. Zudem warnte er vor der *Gefahr der Desintegration der wenigen erfahrenen Entwicklungsteams*[185], denn die boomende Raketenindustrie warb mit ihren hohen Gehältern zunehmend Mitarbeiter ab. Selbst Bruder Magnus zog es zu den Chrysler-Automobilwerken, wo ihm ein gutbezahlter Direktorenposten winkte. Von Brauns Reaktion war ambivalent: Er hatte zwar sein

Ziel erreicht, aber er konnte nicht nach eigenem Gutdünken schalten und walten, sondern war in ein Geflecht von Akteuren und Interessen eingebunden.

Zudem währte die Freude über die Bewilligung des Jupiter-Projekts nicht allzu lange; bereits am 26. November 1956 kam eine Direktive aus Washington, die die Zuständigkeiten der Army auf Raketen mit einer Reichweite bis 320 Kilometer begrenzte und der Luftwaffe (mit den Raketen Thor, Atlas, später Minuteman) und der Marine (mit der U-Boot-gestützten Polaris) die Zuständigkeit für weiterreichende Geschosse übertrug. Auf diese Weise sollten Parallelentwicklungen vermieden werden; zudem zeichnete sich ab, daß Flüssigkeitsraketen aufgrund ihrer langen Startvorbereitungen nur einen geringen Wert in militärischen Szenarien hatten, in denen es um Vorwarnzeiten von wenigen Minuten ging. Es begann das bekannte Gerangel um Zuständigkeiten und Prioritäten, aber von Braun wußte aus Erfahrung, wie man damit umzugehen hatte: Er ließ sich, so eine Biographie, durch den «zermürbenden Kampf mit Bürokratie und Unverstand [...] nicht schrecken. Mit einer unbeirrbaren Konsequenz [...] und völlig beherrscht von der Faszination des technischen Abenteuers, wird Wernher von Braun mit all diesen Unwägbarkeiten, Schwierigkeiten und Überraschungen fertig.»[186] Die Army erreichte, daß sie das Jupiter-Projekt zu Ende führen konnte; die Zuständigkeit für den operativen Einsatz wurde jedoch der Luftwaffe übertragen.

In erstaunlich kurzer Zeit entstand eine neue Rakete, die für unterschiedliche Einsatzzwecke konfiguriert werden konnte. Jupiter A war eine modifizierte Redstone, die ab März 1957 in größerer Zahl für Testzwecke verschossen wurde. Als atomare Mittelstreckenrakete wurde sie ab 1960 in Südeuropa und der Türkei stationiert, woraufhin die Sowjetunion russische Trägersysteme auf Kuba stationierte, was die Welt an den Rand eines Atomkrieges brachte. Unter der Bezeichnung «Jupiter C» firmierte eine vierstufige Rakete – mit der Redstone als erster Stufe –, die ursprünglich den Orbiter-Satelliten starten sollte. Sie wurde umkonstruiert, um das kritische Problem der *aerodynamischen Erhitzung des Raketensprengkopfs während des Wiedereintritts in die*

Erdatmosphäre[187] zu lösen, das für die Entwicklung weitreichender Raketen entscheidend war. Um zu vermeiden, daß der Sprengkopf bei der Rückkehr zur Erde verglüht, entwickelte von Braun die Ablationsmethode, deren Details lange zu den wohlgehüteten Geheimnissen der Raketentechnik gehörten: Die Raketenspitze, die sich vor dem Wiedereintritt von der Rakete löst, wurde so konstruiert, daß ihre Außenhaut langsam verdampft und der darunterliegende Sprengkopf durch die konstante Abgabe der Wärme geschützt bleibt.

Der Erstflug der Jupiter C fand am 20. September 1956 statt; sie demonstrierte das Prinzip der Stufenrakete und stellte mit 1100 Kilometern Höhe und 4800 Kilometern Weite neue Rekorde auf. Es wäre somit möglich gewesen, den ersten amerikanischen Satelliten zu starten und den Russen zuvorzukommen. Da dies bekannt war, schickte das Pentagon «Inspektoren zum Cape [Canaveral], um sicherzustellen, daß es keine aktiven vierten Stufen gab, die für den Start eines Satelliten hätten benutzt werden können»[188]. Vergeblich versuchte von Braun, aus Washington die Genehmigung zu bekommen, um die historische Gelegenheit nicht zu verpassen. Daß Washington andere, wichtigere Optionen verfolgte, war ihm nicht bekannt. Um seine Chancen trotz des politisch verordneten Stillhaltens zu wahren, legte er zwei Jupiter-C-Raketen als Reserve zurück, die nach dem Sputnik-Start rasch entmottet und einsatzbereit gemacht werden konnten. Seinen Anspruch, als erster den Weltraum erreicht zu haben, hielt er jedoch aufrecht: Schon im September 1956 habe er eine Nutzlast «in den Weltraum hinausgeschossen»[189]; und der Gefechtskopf, den diese Rakete ein Jahr später an ihrer Spitze trug, sei sogar *das erste von Menschen hergestellte Objekt [gewesen], das jemals aus dem Weltall zurückgeholt wurde.* Zudem hatte er die Tür zur bemannten Raumfahrt aufgestoßen; denn die Rückkehr zur Erde war auch für bemannte Missionen ein kritischer Punkt. Bereits im Mai 1959 schoß eine Jupiter die beiden Affen Able und Baker ins All und demonstrierte damit, *daß lebende Kreaturen den Weltraum durchqueren und sicher zur Erde zurückgebracht werden können*[190].

Das Redstone-Baukastensystem ermöglichte weitere Konfigurationen wie den Satellitenträger Juno 1 und die stärkere

Juno 2, mit denen eine Reihe amerikanischer Forschungssatelliten für die Erkundung von Erde, Mond und Planeten gestartet wurden, darunter auch «Explorer», der erste amerikanische Satellit. Zudem konnte die Redstone eine bemannte Mercury-Kapsel zu einem kurzen ballistischen Flug in den Weltraum hieven; für den Einschuß der Kapsel in eine Erdumlaufbahn war sie jedoch zu schwach. Von Braun verfügte somit über ein erprobtes Raketensystem, das für vielfältige Aufgaben einsetzbar war. Die *primäre Rolle* der Redstone und der Jupiter war militärischer Natur, aber sie *steuerten darüber hinaus auch wertvolle Beiträge zum Raumfahrtprogramm der USA* [191] bei. Zudem deutete sich die Perspektive einer Weiterentwicklung der Juno-Rakete zu einem leistungsstarken Trägersystem an, das ab 1957 unter der Bezeichnung «Juno 5» lief und zu den Saturn-Raketen führte, welche die ersten Menschen zum Mond beförderten.

BEGINN DES RAUMFAHRT-ZEITALTERS (1957 – 1959)

Am 1. Juli 1957 begann das Internationale Geophysikalische Jahr, und die Anzeichen für den Start des ersten künstlichen Erdsatelliten mehrten sich sowohl in den USA als auch in der UdSSR. Als der sowjetische Sputnik am 4. Oktober 1957 am Himmel auftauchte, war man in Washington zufrieden, denn damit war die Legalität von Satellitenüberflügen gesichert. Allerdings hatte man die Reaktion der Öffentlichkeit falsch eingeschätzt. Die Welt verfolgte das neue Objekt am Himmel, dessen Signale jeder Radioamateur empfangen konnte, mit einer Mischung aus Aufregung und Angst. Die sowjetische Propaganda schlachtete Sputnik geschickt als Beweis für die Überlegenheit des Kommunismus aus und stilisierte ihn zum Symbol für die Befreiung der Unterdrückten. Auch in den USA galt Sputnik vielen als Beleg für eine technologische Unterlegenheit sowie eine existentielle militärische Bedrohung der USA. In den Köpfen der Amerikaner setzte sich die Vorstellung einer Raketenlücke fest.

Vor allem Lyndon B. Johnson, der Führer der demokratischen Mehrheit im US-Senat, nutzte Sputnik zu einer Generalabrechnung mit Eisenhower. Er inszenierte eine Kampagne, in der

Erdsatellit
Sputnik I

er dem Präsidenten vorwarf, die Zukunft verschlafen und Amerikas Ruf als globale Führungsmacht aufs Spiel gesetzt zu haben. Als am 3. November 1957 Sputnik II mit der Hündin Laika an Bord gestartet wurde, steigerte sich die Aufregung zu einer regelrechten Panik, die als «Sputnik-Schock» in die Geschichte einging. Das Weiße Haus erklärte daraufhin – zum Entsetzen der Verantwortlichen – einen Test der Vanguard-Rakete zum offiziellen Versuch, den ersten amerikanischen Satelliten in den Orbit zu schießen. Die Explosion der Rakete am 6. Dezember lieferte Millionen Amerikanern, die das Geschehen am Fernsehen verfolgten, den vermeintlich unschlagbaren Beweis für die Unfähigkeit der USA, es mit den Russen aufzunehmen. Vanguard erhielt die Bezeichnungen «Kaputnik» und «Flopnik».

Die Eisenhower-Regierung hätte alle Argumente der politischen Gegner leicht widerlegen können. Doch zu diesem Zweck hätte man den sorgsam gehüteten Schleier lüften müssen, der über den geheimen Satelliten- und Raketenprojekten lag. Zudem widersprach es Eisenhowers politischer Überzeugung, sich vom innen- oder gar vom außenpolitischen Gegner zu Entscheidungen drängen zu lassen. Denn er befürchtete, daß die massive Ausweitung der Staatsaufgaben, wie sie für großdimensionierte Technologieprojekte erforderlich war, unweigerlich zur Technokratie bzw. zur Herrschaft des «Militärisch-Industriellen Komplexes»[192] führen und damit das Wesen des politischen Systems der USA verändern würde.

Zur Gruppe derjenigen, die den Stil Eisenhowers als unmodern empfanden und eher in Richtung Technokratie tendierten, gehörte auch von Braun. Die Nachricht vom Start des ersten Sputnik überraschte ihn während einer Unterredung mit dem designierten Verteidigungsminister Neil McElroy. Von Braun hatte sich jahrelang zu Zurückhaltung zwingen müssen und war nun nicht mehr zu bremsen. Er redete auf den Minister ein, «als wäre er mit einer Grammophonnadel geimpft worden»: *Die Vanguard wird es nie schaffen. Wir haben die Raketen. Um Himmels willen, geben Sie uns freie Hand und lassen Sie uns etwas tun. Mr. McElroy, Sie können von uns in 60 Tagen einen Satelliten haben!* [193] Medaris mußte seinen überschäumenden Entwicklungschef bremsen; trotz der beiden eingelagerten Raketen erschien dem Leiter des Raketenzentrums eine Frist von neunzig Tagen eher angemessen. McElroy gab dem Druck jedoch nicht nach. Es blieb bei dem Verbot, das Medaris und von Braun allerdings unterliefen, indem sie «auf eigene Faust»[194] mit den Vorbereitungen für den Start einer Jupiter C begannen.

Sputnik II brachte den Umschwung. Medaris und von Braun drohten nunmehr ultimativ mit ihrem Rücktritt, und Eisenhower blieb in der aufgeladenen politischen Stimmung keine andere Wahl, als nachzugeben. Am 8. November erging die Weisung des Pentagon, parallel zum Vanguard-Programm den Start eines Satelliten mit einer Jupiter C durchzuführen. Obwohl von Braun die wissenschaftliche Nutzlast gern selbst gebaut hätte, bekam er die Auflage, dieses Teilprojekt in den IGJ-Kontext einzubetten und an Wissenschaftler aus zivilen Einrichtungen zu delegieren. In kürzester Zeit konstruierten James Van Allen und William Pickering den «Explorer»-Satelliten, dessen wichtigstes Instrument ein Geigerzähler war, mit dem der Van-Allen-Gürtel entdeckt wurde – eine Zone intensiver kosmischer Strahlung, die die Erde umgibt und für Weltraummissionen eine Gefahr darstellt. Als am 31. Januar 1958, weniger als neunzig Tage nachdem Washington «grünes Licht» gegeben hatte, eine Juno-1-Rakete den Explorer-Satelliten erfolgreich startete, war das Selbstbewußtsein der Nation

Die Jupiter-C-Träger-
rakete auf der Startrampe
mit Explorer 1 auf der
Spitze

wiederhergestellt. Zudem hatte die Army den Wettlauf nicht nur mit den Russen, sondern auch mit der Navy gewonnen, der erst im März 1958 ein erfolgreicher Vanguard-Start gelang. Von Braun wurde als Held und als Retter gefeiert, der von nun an eine nationale Größe war und dessen Wort Gewicht hatte.

Von Braun erlebte den Explorer-Start im Pentagon in Washington. Aufgrund von Fehlern bei der Bahn-berechnung tauchte der Satellit nach seiner ersten Erdumkreisung acht Minuten später als geplant über Ka-lifornien auf. Für eine kurze Zeit-spanne war ein Fehlschlag nicht aus-zuschließen. Von Braun erinnerte sich später: *Die acht zusätzlichen Mi-nuten waren die aufregendsten meines Lebens. Pickering und ich waren schier verzweifelt und durften das nicht einmal zeigen, weil wir von lauter hohen Tieren umgeben waren. Wir mußten Zuver-sicht ausstrahlen und jeden überzeugen, daß alles in bester Ordnung war.*[195] Explorer 1 wog zwar nur acht Kilo-gramm, was im Vergleich mit dem 83 Kilogramm schweren Sputnik I oftmals als Indiz für eine amerikani-sche Unterlegenheit gewertet wurde. Aber mit Explorer wurde die ameri-kanische Überlegenheit in der Minia-turisierung von Elektronikbauteilen begründet, die letztlich wertvoller war als die zusätzliche Schubkraft russischer Raketen. Zudem lieferte das Explorer-Programm nützlichere Daten als die Sputniks. Auf den ersten Explorer folgte in den nächsten Jahren eine Serie weiterer Satelliten, die eine systematische Erforschung der Erdatmosphäre ermöglichten und zur Weiterentwicklung der Raumfahrtsysteme und -technologien beitrugen.

Doch die Forschungssatelliten waren für von Braun nur ein erster Schritt zu höhergesteckten Zielen, für die er unermüdlich in Artikeln, Vorträgen und bei Kongreßanhörungen warb. Die Gunst der Stunde nutzend, reichte er mit Medaris mehrere Memoranden beim Verteidigungsministerium ein. Der *Vorschlag für ein integriertes nationales Programm zur Entwicklung von Raketen*

Organisation der US-Raumfahrtpolitik
Ende der 50er Jahre

und Raumflugkörpern (Proposal for a National Integrated Missile and Space Vehicle Development Program) vom Dezember 1957 enthielt unter anderem das Konzept für eine große Rakete mit 700 Tonnen Schub, die zunächst unter der Bezeichnung Juno 5 firmierte und später als Saturn 1B realisiert wurde. Ferner unterbreiteten sie einen Vorschlag für ein auf fünfzehn Jahre angelegtes Raumfahrtprogramm, das die von Braunschen Ideen bündelte: Im Jahr 1963 eine bemannte Mondumkreisung, 1965 die Raumstation, 1967 einen Dreimannflug zum Mond und schließlich 1971 eine Fünfzig-Mann-Expedition zum Aufbau einer

Mondbasis. Als ersten Schritt in Richtung bemannte Raumfahrt schlug Huntsville im Januar 1958 das «Project Man Very High» (Projekt Menschen in großer Höhe) vor, das suborbitale Flüge mit sechs Minuten Schwerelosigkeit vorsah. Das Projekt, das unter anderem als Truppentransporter verkauft wurde, stand in Konkurrenz zum Programm «Man In Space Soonest» (Bemannte Raumfahrt so bald wie möglich) der Luftwaffe, das Erdumkreisungen sowie eine Mondlandung vorsah.

Diese Vorschläge zielten darauf, die Ausgangsbasis der Army im Wettlauf um die institutionelle Zuordnung der Raumfahrt zu stärken; denn Ende 1957 stand in Washington die Frage auf der Tagesordnung, welche der drei Teilstreitkräfte den Zuschlag erhalten sollte. Die Gründung der Advanced Research Projects Agency (ARPA) des Verteidigungsministeriums im Januar 1958 und deren Beauftragung mit allen US-Raumfahrtprojekten beendete diese Auseinandersetzungen nur vorübergehend.

Von Braun hatte klare Vorstellungen, wie es mit der amerikanischen Raumfahrt weitergehen sollte, und er trat damit immer wieder an die Öffentlichkeit. Im Sinne der «Falken» um Johnson betrachtete er Sputnik als eine *Feuerprobe*, an der sich das Schicksal der Nation entscheide. Das Ziel der Sowjetunion sei *die Beherrschung der Welt*; die USA müßten daher *Opfer in nie dagewesenen Größenordnungen* auf sich nehmen, um den russischen Vorsprung wieder einzuholen.[196] Neben einem umfassenden Raumfahrtprogramm, das mit *höchster nationaler Priorität*[197] verfolgt werden sollte, schlug von Braun auch eine Rückbesinnung auf amerikanische Werte vor, denn der *amerikanische Pioniergeist* sei erlahmt. Zu wenige Amerikaner hätten verstanden, daß *der Kampf um die letzte und zugleich endlose Pioniergrenze der Menschheit*[198] bereits begonnen habe. Voller nationaler Symbolik war seine Forderung, *daß es für unsere Existenz als freie Nation unabdingbar ist, die amerikanische Fahne im Weltraum aufzuspannen*[199]. Er warnte zudem davor, die Sowjetunion und deren technologische Fähigkeiten zu unterschätzen; seine Erfahrungen in Peenemünde hätten ihm gezeigt, daß die Wissenschaftler auch in Diktaturen zu Spitzenleistungen in der Lage seien.

Zur Begründung der von ihm geforderten nationalen Mo-

Empfang beim US-Präsidenten in Washington, 1958: Wernher von Braun, sein Bruder Sigismund, seine Frau Maria, Dwight D. Eisenhower, Mamie Eisenhower, Bundespräsident Theodor Heuss, Außenminister John Foster Dulles und ein Dolmetscher (v. l. n. r.)

bilmachung unterbreitete von Braun wiederum das Szenario einer politischen Beherrschung der Erde durch eine militärisch genutzte Raumstation. Aber dieses Begründungsmuster paßte nicht mehr so recht in eine Zeit, in der die Raumfahrt immer mehr zivilen Charakter bekam. In zunehmendem Maße bemühte er daher zur Rechtfertigung eines großdimensionierten Raumfahrtprogramms den unstillbaren *Drang* des Menschen, *das Unbekannte zu erforschen* und die *Fesseln der Gravitation abzuschütteln,* für den es *keine rationale Erklärung gibt.*[200] Von Braun war fest davon überzeugt, *daß der Mensch in den Weltraum gehört, wenn er dorthin will*[201]. Zudem zeige der Vergleich mit der Luftfahrt, die nach ihren militärischen Anfängen rasch ein kommerziell erfolgreiches Unternehmen wurde, daß es zu Beginn einer technischen Revolution sinnlos sei, nach dem Nutzen der neuen Technik zu fragen. Der Mensch habe gelernt, daß es sich bezahlt macht, *seine Neugier, seinen Wissensdurst zu befriedigen, und wenn der Mensch darin fort-*

fährt [...], werden die Resultate alle Beteiligten überraschen[202]. Der ökonomische Nutzen der Raumfahrt werde sich bald zeigen, wenn man ihre Entwicklung nicht behindere, sondern entsprechend fördere. Selbst nach dem Tod seiner Mutter, die im Dezember 1959 an Magenkrebs gestorben war, beharrte er darauf, daß die Förderung der Raumfahrt anstelle der Krebsforschung die richtige Strategie sei, um Amerikas Zukunft zu sichern.

Auf Fragen nach dem Sinn der Raumfahrt reagierte von Braun auch durch Flucht ins Metaphysische, wenn er etwa behauptete, daß sie eine neue Ära einleiten werde, das *kosmische Zeitalter*[203]. Er prophezeite, die Raumfahrt eröffne die *Einsicht, daß es etwas gibt, das viel größer ist als diese kleine Welt*[204]. Nicht durch militärische Stärke, sondern durch die symbolische Kraft der neuen Dimension sei somit der Friede auf der Erde möglich, denn *dieser kleine Planet [...] ist für Krieg und Streit zu klein geworden*[205]. Mit der Behauptung, daß das *Streben nach dem Sternenziel [...] in Gottes Plan gehört*[206], bettete er seine Tätigkeit zudem in einen religiösen Zusammenhang ein und entzog sie damit dem Diskurs und der Kritik. Diese Umwertung der Rakete als eines Friedensbringers kann als Versuch interpretiert werden, das Negativ-Image der Rakete durch ein positives Leitbild zu ersetzen. In dieser Redefinition schimmert wiederum die technokratische Vision durch, die für das von Braunsche Denken charakteristisch war: Eine friedliche Weltordnung wollte er nicht auf politischem Wege erreichen, sondern als Abfallprodukt einer technischen Innovation – und dies, obwohl die Rakete neben der Atombombe die wirksamste Vernichtungswaffe war, die jemals erfunden wurde.[207] Zugleich profilierte sich von Braun aber als «kalter Krieger», wenn er forderte, den *weltweiten Popularitätswettbewerb mit den Sowjets* zu gewinnen, der vor allem als *Kampf um die Herzen der blockfreien Staaten*[208] ausgetragen wurde. Und in dieser globalen Systemauseinandersetzung spielten öffentlichkeitswirksam inszenierte Raumflüge auf beiden Seiten eine zentrale Rolle.

Von Brauns Rhetorik wandelte sich also Ende der fünfziger Jahre, als im Vorfeld der NASA-Gründung absehbar wurde, daß die von ihm geplanten Raumfahrtprojekte nicht vom Militär durchgeführt werden würden. Zwar agierte er weiterhin als Vordenker der Raumfahrt; in der heftig diskutierten Frage, wie die künftige Organisation der Raumfahrtforschung in den USA aussehen sollte, war er jedoch unentschlossen und ideenlos. Die für ihn optimalen Bedingungen – eine gutausgestattete Forschungsanstalt, deren geheime Arbeit nicht beeinträchtigt wird – gab es nur beim Militär. Eine bemannte Raumstation als Ausgangspunkt für interplanetare Flüge machte aber unter militärischen Gesichtspunkten wenig Sinn, so daß zwangsläufig andere institutionelle Lösungen gefunden werden mußten. Einer zivilen Großforschungseinrichtung mit parlamentarischer Kontrolle stand von Braun jedoch reserviert gegenüber. Er drohte somit zwischen die Fronten zu geraten. Denn Präsident Eisenhower reagierte auf den öffentlichen Druck, den Johnson mit Senatsanhörungen zur Raumfahrt im Februar 1958 nochmals steigerte, indem er die Initiative ergriff und im April 1958 ein Raumfahrtgesetz auf den Weg brachte, das eine Reorganisation der amerikanischen Raumfahrt beinhaltete. Der Kernpunkt war die Gründung einer zivilen Behörde, der National Aeronautics and Space Administration (NASA), die für das gesamte nicht-militärische Raumfahrtprogramm zuständig sein sollte, während die Kompetenzen für die militärischen Programme beim Verteidigungsministerium verblieben.

Gefeiert auch in Deutschland: Wernher von Braun auf dem Titel des «Spiegel» 1958 mit der vieldeutigen Unterschrift: «Deutsche an der Front»

Eisenhower hatte sich mittlerweile damit abgefunden, daß ein verstärktes Raumfahrtengagement der USA unvermeidlich sein würde; er versuchte jedoch, den Trend zu kanalisieren, um ein Erstarken des Militärisch-Industriellen Komplexes zu verhindern. Letztlich bewirkte er jedoch das Gegenteil, denn die NASA leistete jener Entwicklung Vorschub, die Eisenhower vermeiden wollte: der Zunahme der Staatstätigkeit und der deutlichen Steigerung der Staatsausgaben nicht nur im Raumfahrtbereich. Mit der Parallelität zweier Raumfahrtprogramme, die auf diese Weise in den USA entstand, war niemand so recht zufrieden; insbesondere für die US-Army bedeuteten die vorliegenden Pläne, daß sie aus dem Geschäft mit weitreichenden Raketen, vor allem aber aus der bemannten Raumfahrt ausgeschlossen werden würde. Es begann ein eineinhalb Jahre andauernder Kampf zwischen Army und NASA, in dessen Mittelpunkt das Raketenforschungszentrum in Huntsville stand.

Das Verteidigungsministerium versuchte mit allen Mitteln, die Gründung der NASA, zumindest aber deren exklusive Beauftragung mit der Durchführung bemannter Raumfahrtmissionen zu verhindern. Auf den Kongreßbeschluß vom Juli 1958, der die Errichtung der NASA zum 1. Oktober 1958 vorsah, reagierte das Pentagon umgehend: Die ABMA in Huntsville erhielt im August 1958 den Auftrag, eine große Rakete, die spätere Saturn, zu entwickeln. Doch Eisenhower blieb seiner Linie treu und siedelte auch die bemannte Raumfahrt bei der NASA an. «Damit waren alle Hoffnungen der US-Armee hinfällig, einen Menschen ins Weltall zu schicken.»[209] Diese Situation nutzte die NASA, um den Transfer der ABMA, ohne deren Mitwirkung an die Realisierung ehrgeiziger bemannter Raumfahrtprojekte nicht zu denken war, zur NASA zu beantragen. Von Braun war wenig geneigt, diesen Schritt zu vollziehen. Es war die Zeit der Explorer-Satelliten und der Pioneer-Mondsonden, und als nationaler Held hatte er eine starke Verhandlungsposition. Er leitete ein gut ausgestattetes Forschungszentrum und sah wenig Gründe, seine Stellung aufzugeben. Eine Unterstützung des Mercury-Programms der NASA stand für ihn außer Frage; die interessanteren Projekte wie die große Trägerrakete und den Mondflug «wollte man aber in eigener Regie behalten»[210].

Die Army tat alles, um von Braun bei Laune zu halten und eine Mission für die Saturn zu finden; denn die Arbeit an der Pershing-Rakete, seine Hauptbeschäftigung zum damaligen Zeitpunkt, war nicht nach seinem Geschmack. Medaris persönlich leitete die von Koelle durchgeführten Studien für das «Project Horizon», einen aufwendigen militärischen Außenposten auf dem Mond, der 1967 errichtet werden sollte und als Vorläufer des Apollo-Projekts angesehen werden kann. Für das Vorhaben, das 149 Saturn-Starts pro Jahr vorsah, wurden bei einer Laufzeit von acht Jahren nur 6 Milliarden US-Dollar veranschlagt, was als Indiz für die «Naivität»[211] der Planungen gelten kann. Das Ziel dieses im März 1959 vorgestellten Projekts war es, eine Abwanderung von Brauns zur NASA verhindern.

Doch seine Position wurde schwächer. Im Juni 1959 strich das Pentagon das Saturn-Projekt, für das es keine militärische Rechtfertigung mehr sah: Für bemannte militärische Missionen gab es keinen Bedarf, als Interkontinental-Rakete war die Saturn wegen ihres Flüssigkeitsantriebs unbrauchbar, und mit der Atlas-Rakete hatte man mittlerweile ein funktionierendes Trägersystem für Militärsatelliten. Schließlich ordnete das Pentagon im September 1959 die militärische Raumfahrt der Air Force zu. Damit war die neue Doppelstruktur des amerikanischen Raumfahrtprogramms endgültig fixiert, in der die NASA die Zuständigkeit für die friedliche Erforschung des Weltalls und nunmehr definitiv auch für die bemannten Programme erhielt. Die Army war der Verlierer, denn zwischen Air Force und NASA gab es keinen Platz für ein drittes nationales Weltraumprogramm.

Von Braun saß nunmehr auf Plänen für eine Superrakete, die beim Militär keinen Abnehmer fanden. Da auch das Jupiter-Projekt auslief, stand das Raketenzentrum in Huntsville vor einer ungewissen Zukunft. Mitte 1959 kam der Transfer zur NASA wieder auf die Tagesordnung, und diesmal gab es wenig Gründe, sich zu widersetzen, denn nur die NASA plante Projekte wie die Mondlandung, für die ein leistungsstarkes Trägersystem erforderlich war. Die Idee, als komplettes Team zur Industrie zu gehen, wurde verworfen, so daß Eisenhower am 21. Oktober 1959 den Transfer formell vollziehen konnte. Am 1. Juli 1960 verwandelte sich die ABMA zum George Marshall Space Flight Center (MSFC) der NASA, dessen Direktor Wernher von Braun wurde. Mit ihm wechselten 4669 Beschäftigte, darunter 90 Deutsche,

Wernher von Braun vor der Army Ballistic Missile Agency in Huntsville, 1959. Ab 1960 hieß die Einrichtung: George Marshall Space Flight Center

den Arbeitgeber; ansonsten blieb vorerst alles beim alten. Im Oktober 1959 war bei der NASA zudem die Entscheidung für die Mondlandung gefallen, wodurch die Saturn-Rakete eine hohe Priorität erhielt. Wieder einmal war von Braun zum rechten Zeitpunkt an der richtigen Stelle. Er war *glücklich*[212], stellte die neue Aufgabe doch «den Höhepunkt seines Lebenstraums» dar, «Großraketen zu entwickeln, die benötigt wurden, um Satelliten in den Erdorbit zu schicken [...] und schließlich möglicherweise Menschen auf den Mond zu bringen»[213].

DER WETTLAUF ZUM MOND (1960–1969)

Die Aufgabe des MSFC in Huntsville war es nunmehr, Trägerraketen für die NASA zu entwickeln, deren primärer Auftrag darin bestand, den Wettlauf mit den Russen zu gewinnen. Dies hatte eine Fixierung auf die UdSSR und deren Raumfahrtprogramm

zur Folge, und die NASA unterwarf sich damit dem Zwang, spektakuläre und prestigeträchtige Projekte mit hoher Symbolkraft
durchzuführen. Sie agierte nach einer politischen, nicht nach einer wissenschaftlichen Logik: «Die NASA brauchte die Sowjets;
ihre Existenzgrundlage war nicht die Wissenschaft, sondern der
Wettkampf mit der [...] UdSSR um seiner selbst willen [...].» [214]

Ende der fünfziger Jahre galt es als Schicksalsfrage, welche
Nation zuerst einen Menschen ins All bringen würde. Konsequenterweise setzte die NASA den Akzent auf die bemannte
Raumfahrt. Schon im November 1958, also nur wenige Wochen
nach ihrer Gründung, stellte sie das Projekt «Mercury» vor, dessen Ziel es war, bis 1961 einen Amerikaner ins Weltall zu befördern. Damit nahm sie den Wettlauf mit den Russen auf. Die
Mercury-Kapsel sollte von der Space Task Group in Langley
entwickelt werden; von Brauns Team sollte die Rakete zur
Verfügung stellen. Da man sich wenig Illusionen machte, den
Russen mit einem bemannten Orbitalflug zuvorzukommen,
wurde ein zweites Projekt nachgeschoben, bei dem sich bessere
Chancen boten, endlich einmal Erster zu sein. Nach ausgiebigen
Diskussionen fiel im Oktober 1959 die «Entscheidung für das
mittelfristige Ziel einer bemannten Mondlandung» [215]. Der Auftrag zum Bau der Saturn-Rakete, auf den von Braun sehnlichst
wartete, war somit in greifbare Nähe gerückt.

Obwohl die Mondlandung 1960 ein Wahlkampfthema beider Parteien gewesen war, akzeptierte der noch amtierende Präsident Eisenhower lediglich das Projekt Mercury. Über die Kostenvoranschläge für das Apollo-Projekt in Höhe von bis zu 58
Milliarden US-Dollar war er dermaßen entsetzt, daß er sein Veto
einlegte. Eisenhower wird mit den Worten zitiert, er wolle doch
nicht «seine Juwelen versetzen» [216], nur um einen Menschen
zum Mond zu bringen, zumal das Unternehmen mit wissenschaftlichen Argumenten nicht zu rechtfertigen sei. Auch der
neue Präsident, John F. Kennedy, zeigte nach seiner Amtseinführung im Januar 1961 keine Eile, obwohl er im Wahlkampf für
eine Ausweitung der Staatstätigkeit (in den Bereichen Bildung,
Soziales, Rüstung) plädiert hatte. Das politische Prestige an bemannte Raumfahrtmissionen zu koppeln erschien ihm wie auch

seinem Wissenschaftsberater Jerome Wiesner eine zu riskante Strategie.

Auch von anderer Seite drohte Unheil, denn die Air Force brachte die Frage der Zuständigkeit für die bemannte Raumfahrt wieder auf die Tagesordnung. Mit ihren Raketenflugzeugen hatte sie Ende der fünfziger Jahre einen Vorsprung vor dem Mercury-Projekt, der vielen als uneinholbar galt. Die Testpiloten der X-15, die mit vierfacher Schallgeschwindigkeit schon 1959 auf 41 Kilometer Höhe gestiegen waren, schauten verächtlich auf ihre Astronauten-Kollegen herab, die wie Affen in eine Konservendose gesperrt werden sollten, während sie ihr Raketenflugzeug selbst steuerten und dabei bis in den Weltraum vorstießen.[217] Die NASA stand Anfang 1961 unter dem Druck, endlich einen Astronauten zu starten, um die Unterstützung Kennedys zu sichern und zugleich einen lästigen Konkurrenten loszuwerden.

Der erste Start der Mercury-Redstone-Kombination am 1. November 1960 schlug jedoch fehl, erst der zweite am 19. Dezember war ein Erfolg. Danach wagte man den Start des Schimpansen Ham, der am 31. Januar 1961 auf einen suborbitalen Flug katapultiert wurde, um die Auswirkungen derartiger Missionen auf den Organismus eines höheren Lebewesens zu testen. Bei diesem Flug ging etliches schief, so daß der Schimpanse weit größeren Belastungen ausgesetzt wurde als geplant. Von Braun plädierte deshalb für einen weiteren unbemannten Testflug, der am 24. März 1961 stattfand. Bei einer höheren Risikobereitschaft wären die USA der UdSSR also zuvorgekommen, die nur wenige Tage später, am 12. April 1961, Juri Gagarin mit seinem Raumschiff Wostok die Erde einmal umkreisen ließ.

Juri Gagarin, der als erster Mensch im April 1961 die Erde umkreiste

Wieder einmal war die Nation empfindlich getroffen. Auch bei der NASA schrillten die Alarmglocken, hatte sie doch vorerst keinen Einschuß einer bemannten Kapsel in die Erdumlaufbahn geplant, weil die leistungsstärkere Atlas-Rakete, die man dafür benötigte, bei Tests mehrfach versagt hatte. Dennoch beschloß die NASA, ihren Fahrplan zu ändern und nach zwei suborbitalen Flügen bereits den Sprung in den Erdorbit zu wagen. Am 5. Mai 1961 flog Alan Shepard als erster Amerikaner in den Weltraum. Nach einem fünfzehnminütigen ballistischen Flug landete er in der Nähe der Bermuda-Inseln. Am 21. Juli folgte Gus Grissom, dessen Flug fast mit einer Katastrophe geendet hätte, weil sich nach der Wasserung der Kapsel die Luke öffnete und Grissom beinahe ertrunken wäre. Am 20. Februar 1962 wagte John Glenn dann den Flug mit der immer noch unzuverlässigen Atlas und umkreiste die Erde dreimal. Trotz Problemen mit dem Hitzeschild landete er sicher und wohlbehalten. Die Begeisterung kannte keine Grenzen, und New York erlebte die größte Konfetti-Parade seiner Geschichte. Auch beim nächsten Mercury-Flug, der wegen der Atombombentests in der Erdatmosphäre bis zum Oktober 1962 aufgeschoben werden mußte, gab es mehrere bedrohliche Vorkommnisse; dennoch konnte das Mercury-Programm Mitte 1963 nach zwei Suborbital- und vier Orbitalflügen erfolgreich beendet werden.

Wenige Tage vor Shepards Flug hatte sich die politische Konstellation entscheidend geändert. Die Invasion in der Schweinebucht, die zum Sturz des kubanischen Revolutionsführers Fidel Castro führen sollte, war fehlgeschlagen. Kurz nach dem sowjetischen Coup im All mußten die USA somit eine zweite schwere Schlappe einstecken. Präsident Kennedy, dessen Ansehen stark gelitten hatte, suchte dringend Entlastung, und seine Wahl fiel auf die Raumfahrt. Einen Tag nach dem Debakel in Kuba, am 20. April 1961, beauftragte er seinen Vizepräsidenten Johnson, einen «Gesamtüberblick über unsere Raumfahrtsituation» zu erstellen. In Kennedys Auftrag hieß es: «Haben wir eine Chance, die Russen zu schlagen, mit einem Weltraumlabor oder einer Mondumkreisung oder einer Rakete, die auf dem Mond landet, oder einer bemannten Rakete, die zum Mond und zurück

23. Februar 1962: Präsident John F. Kennedy besucht die NASA-Anlagen auf Cape Canaveral und ehrt den Astronauten John Glenn (rechts neben ihm)

fliegt? Existiert irgendein Raumfahrtprogramm, das dramatische Resultate verspricht, bei dem wir gewinnen könnten?»[218] Gemeinsam mit NASA-Chef James Webb und Verteidigungsminister Robert McNamara legte Johnson Anfang Mai ein Memorandum vor, das ein umfangreiches Weltraumprogramm mit dem Schwerpunkt einer bemannten Mondlandung vorschlug, um auf diese Weise «noch in diesem Jahrzehnt die Führungsrolle im Weltraum zu übernehmen»[219].

Auch von Braun war konsultiert worden. Er hatte für ein *allumfassendes Crash-Programm* mit einer Mondlandung im Jahre 1967 oder 1968 plädiert, dies jedoch an eine Voraussetzung geknüpft: *Reduzierung aller anderen Bestandteile unseres nationalen Weltraumprogramms auf Sparflamme*[220]. Kennedy machte sich diese Alles-oder-nichts-Strategie zu eigen und setzte im Wettlauf mit den Russen auf ein prestigeträchtiges, aber auch riskantes Raumfahrtprogramm. Seine Entscheidung wurde maßgeblich beeinflußt durch den Flug Shepards wenige Tage zuvor, den die

NASA zum frühestmöglichen Zeitpunkt arrangiert hatte, wußte man doch, was davon abhing. Nun war der Weg frei für den
Wettlauf zum Mond. In seiner berühmt gewordenen Rede vom
25. Mai 1961 forderte Kennedy, die USA sollten «sich dem Ziel
verschreiben, noch vor Ende dieses Jahrzehnts einen Menschen
auf dem Mond zu landen und sicher zur Erde zurückzubrin-
gen» [221]. Wieder einmal existierte ein Ernstfall, der die Mobilisie-
rung aller Ressourcen erforderlich machte und zugleich von
Braun eine zentrale Position bescherte.

Das Raumfahrtprogramm war aber nur ein Teil des Poli-
tikwechsels, der sich unter der neuen Regierung vollzog. Parallel
zum Apollo-Projekt fand in den USA die massivste Aufrüstung
ihrer Geschichte statt, die zu einer totalen militärischen Überlegenheit über die UdSSR führte. Den fünfzig russischen Raketen
standen schon bald Tausende amerikanischer Minuteman-, Pola-
ris- und Titan-Raketen gegenüber. Die Rüstungsindustrie wurde
in den sechziger Jahren mit zivilen und militärischen Aufträgen
regelrecht überschwemmt – eine Entwicklung, vor der Eisenhower vergeblich gewarnt hatte.

Im Sommer 1961 lief das Saturn-Apollo-Projekt an; das Man-
ned Spacecraft Center in Houston baute die Apollo-Kapsel, das
Von-Braun-Team die Saturn-Rakete. Von Braun hatte zwar versucht, auch «das Raumfahrzeug-Geschäft [...] in die Hände» [222] zu
bekommen, fand sich aber mit der Arbeitsteilung ab. Die Saturn
1B flog erstmals am 26. Februar 1966 und transportierte am 11.
Oktober 1968 die erste bemannte Apollo-Mission in die Erdumlaufbahn. Für den Flug zum Mond war die Saturn 5 erforderlich,
mit 120 Tonnen Nutzlast bis heute die leistungsstärkste Trägerrakete der Welt, deren Entwicklung Anfang 1963 begonnen wurde und deren Erstflug am 9. November 1967 stattfand.

Begleitet wurden diese Missionen von Auseinandersetzungen zwischen von Braun und George Mueller, dem Leiter des
Saturn-Apollo-Programms, der moderne Methoden der System-
entwicklung einführen wollte, die Zeit- und Kostenersparnis gegenüber dem von Braunschen Ansatz versprachen. Bereits die
erste Saturn 5 sollte mit drei aktiven Stufen gestartet werden statt
mit Oberstufen-Attrappen, wie es bei von Braun, der ein schritt-

weises Vorgehen mit langen Testreihen bevorzugte, zuvor üblich gewesen war. Widerwillig fügte er sich, was zur Folge hatte, daß die Rakete, die Apollo 11 zum Mond trug, erst die sechste Saturn 5 war. Im Saturn-Programm gab es keinen einzigen Fehlstart, wohl aber einige Zwischenfälle. Der tragischste war der Tod dreier Astronauten am 27. Januar 1967 bei Routine-Tests der Apollo-1-Kapsel am Boden, der spektakulärste der Unfall von Apollo 13 auf dem Weg zum Mond im Jahre 1970, als die Besatzung nur durch glückliche Umstände gerettet werden konnte. Bei der Untersuchung des Apollo-1-Unglücks kamen erhebliche Fehler und Mängel zutage, und die NASA mußte sich öffentlich Kritik gefallen lassen.

Begonnen hatte das Apollo-Programm mit einer Diskussion über die Methode, wie der Mond am besten zu erreichen sei. Von Braun hatte stets für den indirekten Weg plädiert, also den Zusammenbau großer Mondschiffe in der Erdumlaufbahn mit Hilfe einer Raumstation. Die abgespeckte Version, die er 1961 präsentierte, war ein Rendezvous zweier Saturn-5-Raketen, eine mit dem Raumfahrzeug, die andere mit dem Treibstoff, im Erdorbit. Das Verfahren barg allerdings etliche Risiken. In Konkurrenz zu dieser «Erdorbit-Rendezvous»-Methode stand die direkte Methode, also der Start der gesamten Ausrüstung mit einer einzigen Rakete, wozu die Gruppe in Houston tendierte. Dafür wäre eine monströse Rakete erforderlich gewesen, die in dem anvisierten Zeitrahmen jedoch nicht zu realisieren war.

Als eleganteste und zugleich sparsamste Methode kristallisierte sich im Laufe der Diskussionen ein Vorschlag heraus, den John Houbolt vom NASA-Forschungszentrum in Langley unterbreitete: Eine einzige Saturn 5 sollte in die Erdumlaufbahn geschossen werden, um von dort eine Kombination aus Apollo-Kapsel und Mondfähre Richtung Mond zu schicken. Statt des gesamten Raumschiffes, wie es die konkurrierenden Varianten vor- sahen, sollte nur die kleine und leichte Mondfähre auf dem Erdtrabanten landen und nach erfolgter Mission im Mondorbit wieder an das Apollo-Raumschiff ankoppeln, das als einzige Komponente zur Erde zurückkehren sollte. Das Hauptrisiko war die computergesteuerte Kopplung zweier Raumschiffe im Mond-

orbit. Fortschritte der Computertechnik und die Zeit- und Kostenersparnis gaben den Ausschlag, daß die NASA sich nach heftigen internen Auseinandersetzungen am 7. Juni 1962 für die
«Mondorbit-Rendezvous»-Methode entschied. Von Braun hatte
sich lange gesträubt, von dem Konzept abzurücken, das er sein
Leben lang verfochten hatte, konvertierte dann aber zum Fürsprecher dieser Methode. Seine Mitarbeiter waren konsterniert,
als er ihnen dies mitteilte. Es gab eine lebhafte Diskussion, aber
von Braun rückte von seiner Entscheidung nicht ab. Die interne
Diskussion hatte eher rituellen Charakter; von Braun war die
alleinige Autorität, die dafür sorgte, daß auf höchster Ebene ge-
troffene Entscheidungen nicht in Frage gestellt wurden.

Zur Überbrückung der Zeit zwischen dem Mercury- und dem
Apollo-Programm, vor allem aber zum Test von Rendezvous-
und Außenbord-Manövern wurde das Gemini-Programm durch-
geführt. In den Jahren 1965 und 1966 fanden zehn Flüge der
Zwei-Mann-Kapsel statt, bei denen Langzeitaufenthalte im Weltall, automatische Steuerungssysteme, Raumanzüge und andere
Technologien und Verfahren erprobt wurden, die für das Apollo-
Unternehmen, vor allem aber für das Mondorbit-Rendezvous erforderlich waren. Das Gemini-Programm konnte aufgrund eines
Abkommens zwischen dem Verteidigungsministerium und der
NASA aus dem Jahre 1963 auch für militärische Forschungen genutzt werden. Das Pentagon sah zwar kurzfristig keinen Bedarf
an bemannten militärischen Missionen und überließ der NASA
die explorativen Arbeiten, behielt aber als Trittbrettfahrer die
weiteren Entwicklungen im Blick. Dies bedeutete das «Aus» für
die Raketenflugzeuge der Air Force, die gehofft hatte, mit der
Dyna-Soar (X-20) wieder stärker in das Geschäft mit der bemannten Raumfahrt zu kommen.

Am 21. Dezember 1968 startete Apollo 8 als erste bemannte
Mission mit einer Saturn 5, umrundete den Mond und kehrte
sicher zur Erde zurück. Die Mission lenkte die Amerikaner von
den Ereignissen des Jahres ab, das mit der Ermordung von Martin
Luther King und Robert Kennedy, dem Bruder des 1963 ebenfalls
ermordeten Präsidenten, und den darauf folgenden Rassenun-
ruhen das schlimmste Jahr der amerikanischen Nachkriegs-

Die Raumkapsel von Apollo 8, mit der drei Astronauten 1968 zum erstenmal den Mond umkreisten

geschichte gewesen war. Nach weiteren Tests der Andockmanöver von Raumschiff und Mondlandefähre im Erdorbit (Apollo 9) sowie im Mondorbit (Apollo 10) war es dann soweit: Am 20. Juli 1969 landete Apollo 11 auf dem Mond, und Neil Armstrong sprach die historischen Worte: «Dies ist ein kleiner Schritt für einen Menschen, aber ein riesiger Sprung für die Menschheit.»[223] In den nächsten drei Jahren folgten fünf weitere Mondlandungen, aber die Welle der Begeisterung, die im Juli 1969 die amerikanische Nation erfaßt hatte, verebbte schnell, so daß das Apollo-Programm gekürzt und 1972 vorzeitig beendet wurde.

Mit der Mondlandung hatten die Amerikaner ihr Ziel erreicht, der UdSSR zuvorzukommen. Die sowjetischen Pläne für einen bemannten Mondflug waren gescheitert, weil ihre Großrakete N-1 mehrfach versagte. Selbst der Versuch, den Amerikanern im Juli 1969 mit einer unbemannten Mondlandung die Show zu

Mondlandung von Apollo 11 am 20. / 21. Juli 1969: Edwin Aldrin wird von Neil Armstrong fotografiert, der im verspiegelten Visier zu erkennen ist

Gesteinsprobe vom Mond, aus dem Meer der Ruhe. Zur Erde mitgebracht von der Apollo-11-Besatzung

stehlen, mißlang. Die USA hatten den Wettlauf gewonnen, aber es drängte sich die Frage auf, was sie eigentlich gewonnen hatten und wie es weitergehen sollte. Angesichts der außen- und innenpolitischen Probleme erschienen Raumfahrtprojekte in der Größenordnung des Saturn-Apollo-Programms, das etwa 24 Milliarden US-Dollar gekostet hatte, vielen Amerikanern immer fragwürdiger. Nach der Mondlandung folgte das «bittere Erwachen».[224]

WASHINGTON (1970–1977)

Von Braun hatte sich die Frage, wie es nach Apollo weitergehen sollte, schon früher gestellt, verstand er doch seine Aufgabe als Vordenker und Zukunftsplaner darin, vor Ablauf des einen Projekts bereits das nächste vorzubereiten. Für ihn war die Mondlandung *nur ein Anfang*; seinen Mitarbeitern sagte er 1969: *Es gibt noch viel mehr zu tun. Wir dürfen nicht nachlassen.*[225] Er stieß jedoch mit seinen Plänen auf immer weniger Resonanz. Der Mond, der die Menschen jahrhundertelang in seinen Bann gezogen hatte, war entmystifiziert. Der Astronaut James Lovell schilderte ihn als eine öde Wüste, bei deren Anblick man «schätzen lerne, was man doch an der guten alten Erde habe»[226].

Nach rasanten Zuwächsen zu Beginn der sechziger Jahre hatte das Saturn-Apollo-Projekt mit einem NASA-Jahresbudget von 5,1 Milliarden Dollar und einer Zahl von 420 000 Mitarbeitern (in Forschung und Industrie, davon 60 000 bei der NASA) im Jahre 1965 bereits seinen Zenit überschritten. Nach moderaten Einschnitten ab 1966 wurde das Budget 1969 stark gekürzt, was einen Personalabbau und die Schließung von Instituten zur Folge hatte. Zudem kippte die Stimmung im Lande von einer Raumfahrt-Euphorie zu einer eher kritischen Haltung um. Der kalte Krieg war vorbei, und andere Probleme drängten sich in den Vordergrund: der Vietnamkrieg, die Rassendiskriminierung, das Elend in den Städten und ab Anfang der siebziger Jahre auch das Thema Umweltverschmutzung. Die Raumfahrt geriet zunehmend unter Rechtfertigungszwang, wobei insbesondere Sinn und Zweck der Großprojekte der bemannten Raumfahrt in Zweifel gezogen wurden. Der Nobelpreisträger Max Born brachte die Stimmung auf den Punkt, als er behauptete, die Raumfahrt sei «ein Triumph des Verstandes, aber ein tragisches Versagen der Vernunft»[227].

> Ich sehe nicht, daß Weltraumfahrt etwas zum materiellen Wohlstand der Menschen beiträgt, ganz zu schweigen von ihrem wahren Glück, ihrer Sicherheit und Zufriedenheit. Ich glaube nicht, daß Worte wie diese den Lauf der Dinge aufhalten werden. Aber ich meine doch, daß sie gesprochen werden müssen, damit nicht spätere Generationen, wenn es solche überhaupt gibt, unsere Periode für wahnsinnig halten.
>
> Max Born, Von der Verantwortung des Naturwissenschaftlers, München 1965, S. 126

Auf die Kosten-Nutzen-Argumentation, welche die machtpolitische Begründung der Raumfahrt zunehmend verdrängte, reagierte die NASA mit der Spinoff-These, die besagt, daß die Projekte sich nicht unmittelbar auszahlen, durch ihre indirekten Ausstrahlungseffekte auf Technologie und Wirtschaft aber zu rechtfertigen seien.[228] Auch von Braun verwendete dieses neue Begründungsmuster ab Mitte der sechziger Jahre, indem er auf den ökonomischen Nutzen von Nachrichten- oder Wettersatelliten, aber auch die indirekten Impulse etwa für die Computerindustrie verwies. Allerdings lag es ihm nicht, Raumfahrtprojekte öffentlich mit nachprüfbaren Fakten begründen zu müssen, die von anderen Personen in Zweifel gezogen werden konnten. Er reagierte wenig diplomatisch und oberlehrerhaft auf Kritik und Widerspruch; aber er befand sich auf öffentlichem Parkett und nicht mehr in der Welt des Befehls und Gehorsams, in der er große Teile seines Lebens zugebracht hatte.

Ende der sechziger Jahre trat der Geburtsfehler der NASA zutage: Sie hatte nur einen Auftrag gehabt, die Russen zu schlagen, und dieser war mittlerweile erledigt. Seit ihrer Gründung war die NASA ein Spielball der Politik gewesen, abhängig von Entscheidungen in Washington, die oftmals mehr von wahltaktischen Erwägungen als vom Motiv der Förderung von Wissenschaft und Technik geleitet wurden. Die totale Politisierung der Forschung hatte Anfang der sechziger Jahre einen enormen Aufschwung bewirkt; nun aber wurde der Kennedy-Effekt zum Bumerang.

Bereits 1964 hatte Präsident Johnson der NASA den Auftrag erteilt, mit Planungen für die Zeit nach Apollo zu beginnen, aber die NASA besaß zu dieser Zeit keine Vorstellungen über ein Folgeprojekt in der Größenordnung von Apollo, wie es im Interesse des Selbsterhalts der Organisation erforderlich gewesen wäre. Von Braun hingegen hatte nach wie vor ein Ziel vor Augen, das er unermüdlich propagierte: Den Bau einer Raumstation und den Flug zu den Planeten. In einem programmatischen Aufsatz aus dem Jahre 1965 mit dem Titel *Die Erforschung der Planeten in den nächsten 20 Jahren* (The Next 20 Years of Interplanetary Exploration) entwarf er die Grundzüge eines künftigen Raumfahrtprogramms, in dessen Mittelpunkt je ein bemannter Flug um die Venus (1975) und den Mars (1978) standen, die Landung auf dem Mars (1982) und später sogar die Einrichtung einer Marsstation, in der sich eine zwölfköpfige Mannschaft eineinhalb Jahre aufhalten sollte.

Die Frage nach dem Sinn derartiger Missionen beantwortete er damit, *daß wir nicht aufhören dürfen, die Sphäre unserer Aktivitäten zu erweitern.* Zudem müsse man angesichts der Bevölkerungsexplosion auf der Erde *Siedlungsraum auf anderen Planeten zur Verfügung stellen.* Insbesondere in Anbetracht der Möglichkeit einer

Wernher von Braun vor einer Startrampe mit einer Saturn-Rakete in Cape Canaveral

atomaren Selbstvernichtung der Menschheit sei es dringend geboten, so schnell wie möglich *einen Stützpunkt auf einem neuen Planeten zu schaffen*. Die Raketen, welche die Gefahr einer nuklearen Selbstvernichtung heraufbeschworen hatten, sollten nun also einen Ausweg aus dieser Situation weisen. Von Braun behauptete, daß diese Missionen ohne großen Aufwand als *Abfallprodukt unseres laufenden Saturn-Apollo-Programms*[229] realisiert werden könnten. Betrachtet man den immensen Aufwand, der allein für die nukleare Oberstufe der Saturn-Rakete oder für die Montage der Raumschiffe im Erdorbit erforderlich war, so erscheint dies wenig plausibel. Der Zukunftsplaner von Braun hatte die technologischen Schwierigkeiten unterschätzt, von den politischen Problemen der Durchsetzung derartiger Mega-Projekte ganz zu schweigen. Auch spätere Vorschläge, Fabriken und Krankenhäuser ins Weltall zu verlagern, zeigen, daß von Braun den Kontakt zur Wirklichkeit langsam verlor und außer einer Fortschreibung alter Ideen nichts anzubieten hatte, was in den politischen Kontext der siebziger Jahre paßte.

Konnten seine Ideen in den vierziger und fünfziger Jahren noch als phantastische Visionen gelten, so wurden sie nun zu unseriöser Phantasterei. Die Projekte wirkten allzu spekulativ, um von den Zeitgenossen ernst genommen zu werden. Zu offensichtlich war von Brauns Interesse, Anschlußaufträge für die Saturn-Rakete zu akquirieren. Er selbst sprach dies bereits 1965 offen aus: *[...] wir sind gegenwärtig mit der Herausforderung konfrontiert, was wir mit all den gewaltigen Träger-Kapazitäten anfangen sollen, über die wir plötzlich verfügen.*[230] Die Saturn wurde zum Projekt, das eine Aufgabe sucht – project in search of a mission. Aber so sehr von Braun die Notwendigkeit eines erneuten, nunmehr vorrangig technologischen Wettlaufs mit den Russen beschwor, und so sehr er die Raumfahrt als *Stimulus* für den technischen Fortschritt darstellte, den die Nation benötige, wenn der Krieg diese *lebenswichtige Rolle*[231] als Schrittmacher der Technik nicht mehr spiele – es gab keinen Ernstfall, der von Braun nach Ablauf des Saturn-Apollo-Projekts zu Hilfe kam. Der kalte Krieg war definitiv vorbei, und die Panikstimmung der frühen sechziger Jahre ließ sich nicht wiederbeleben. Das Spinoff-Argument hatte nicht die

Nachtstart einer Saturn-5-Trägerrakete in Cape Canaveral, 1972

Zugkraft wie die Angst vor einem mit Atombomben bestückten Sputnik. Erstmals liefen von Brauns Zukunftsplanungen, die sonst stets einen Abnehmer gefunden hatten, ins Leere.

Als Überbrückungsmaßnahme nach Beendigung des Apollo-Programms wurde lediglich das Weltraumlabor Skylab bewilligt, bei dessen Bau und Start Komponenten des Saturn-Programms Verwendung fanden; 1973 wurde es dreimal von Astronauten besucht. Nach dem Apollo-Sojus-Rendezvous im Jahre 1975 flog bis zum Start des ersten Shuttle im Jahre 1981 kein Amerikaner mehr ins Weltall, während die Russen Schritt für Schritt ihre Raumstation im Erdorbit aufbauten und damit wieder einmal bei einem prestigeträchtigen Projekt die Nase vorn hatten.

Am 13. Februar 1969, noch vor der Mondlandung, hatte Präsident Richard Nixon eine Space Task Group unter Leitung sei-

nes Stellvertreters Spiro Agnew be-
rufen, die im September einen Bericht über die Zukunft der amerikanischen Raumfahrt vorlegte, der mit
Plänen für eine Raumstation und
den Flug zum Mars noch ganz auf
der von Braunschen Linie lag. Im US-
Kongreß war dieses Konzept aber
wegen der astronomischen Kosten
von neun Milliarden US-Dollar pro
Jahr, fast das Doppelte von Apollo,
nicht durchzusetzen. Auch Nixon
zeigte sich desinteressiert; die politischen Prioritäten hatten sich gewandelt.

Das einzige neue Element, das
die NASA in die Post-Apollo-Pla-
nungen einbrachte, war der Shuttle,
ein bemannter, wiederverwendbarer
Raumgleiter, der wie eine Rakete
senkrecht startet, aber wie ein Flugzeug manövrieren und horizontal
landen kann. Er sollte ursprünglich
als Zubringer für die Raumstation
fungieren und nicht für längere Auf-
enthalte im All genutzt werden, wie

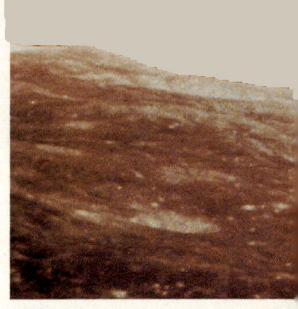

dies später geschah. Das Design des Shuttle war stark von der
Kritik an den hohen Kosten der Raumfahrt beeinflußt, die man
dadurch senken wollte, daß das Trägersystem anders als bei «Weg-
werfraketen» vollständig zur Erde zurückkehrt und daher mehrfach eingesetzt werden kann. Nixon kürzte das Post-Apollo-Pro-
gramm jedoch radikal zusammen; er strich bis auf den Shuttle alle
anderen Projekte, machte sich mit seiner Entscheidung vom Januar 1972 den Raumgleiter aber nur halbherzig zu eigen. Er wollte
sein politisches Prestige nicht wie Kennedy an ein Raumfahrt-
projekt binden. Die NASA stand somit unter erheblichem Ko-
stendruck und war daher gezwungen, fragwürdige technische

Blick über die Mondoberfläche auf die Erde, aufgenommen im Dezember 1968 von der Apollo-8-Besatzung

Kompromisse einzugehen, die letztlich verantwortlich für die Explosion der Raumfähre Challenger im Januar 1986 waren.[232]

Um die Planungen der NASA voranzubringen, brachte von Braun ein persönliches Opfer: Auf Drängen von NASA-Chef Thomas Paine gab er seine Stellung in Huntsville auf und übernahm am 1. März 1970 den Posten des Planungsdirektors der NASA, um vor Ort in Washington wirkungsvoller für künftige Raumfahrtprojekte werben zu können. Er siedelte mit seiner Familie nach Alexandria, Virginia um. Die Chancen, selbst zum

Chef der NASA zu avancieren, standen schlecht, denn dies war aufgrund seiner Vorgeschichte nach wie vor undenkbar. Zu stark waren die Ressentiments in den USA, aber auch in Europa. Angeblich wurde von Braun von einem Journalisten sogar einmal gefragt, wie sich verhindern lasse, «daß die Saturn V auf London niedergeht»[233]. Die Vergangenheit holte von Braun immer wieder ein, auch weil sich die Haltung der amerikanischen Öffentlichkeit gegenüber der Vertuschung von Kriegsverbrechen in den siebziger Jahren änderte. Im Jahr 1979, kurz nach von Brauns Tod, richtete das Justizministerium ein Sonderbüro ein, das Office of Special Investigations, das die Umstände der Operation Paperclip neu aufrollte und unter anderem ein Verfahren gegen Arthur Rudolph, einen langjährigen engen Mitarbeiter, in die Wege leitete. Auch die Art und Weise, wie von Braun sein Regime in «Peenemünde-Süd» geführt hatte, rächte sich nunmehr. Wenige Jahre nach seinem Weggang erfolgte die «Amerikanisierung» des Forschungszentrums in Huntsville, die mit offener Kritik an von Brauns Inhouse-Konzept und seinem Führungsstil einherging. Innerhalb kürzester Zeit wurden die noch verbliebenen Deutschen aus ihren Ämtern gedrängt und durch Amerikaner ersetzt. Das Kapitel Peenemünde war damit endgültig abgeschlossen.

Unter diesen ungünstigen äußeren Umständen gelang es auch von Braun nicht, den Trend aufzuhalten und die Reduktion der umfassenden NASA-Pläne auf lediglich ein Großprojekt, den Shuttle, zu verhindern. Zukunftsvisionen, wie von Braun sie konzipierte, waren in Washington nicht durchsetzbar, und ein Mann, der beharrlich auf derartige Vorhaben setzte, galt mehr und mehr als «ein nutzloses Relikt eines vergangenen Zeitalters»[234]. Ein NASA-Manager erinnert sich: «Er schritt durch die Gebäude, umgeben mit einem Hauch von Tod. Die Leute hörten nach und nach auf, mit ihm auf den Fluren zu reden.»[235] Er wurde immer mehr zum «Dirigenten, [...] der plötzlich ohne Orchester [...] dasteht»[236].

Nach heftigen Konflikten verließ von Braun verbittert und isoliert die NASA, um – erstmals in seinem Leben – eine Anstellung außerhalb der staatlichen Großforschung anzutreten. Am

1. Juli 1972 wurde er Vizepräsident der Firma Fairchild Ind. in Germantown, Maryland, die im Auftrag der NASA den Kommunikationssatelliten ATS-6 entwickelte, der Bildungsprogramme für Indien ausstrahlen sollte. Von Brauns Aufgabe bestand darin, dieses Konzept, mit dem man den praktischen Nutzen der Raumfahrt demonstrieren wollte, auch in anderen Ländern zu vermarkten.

Diese Tätigkeit konnte er jedoch nur kurze Zeit ausüben, denn 1973 stellte sich bei medizinischen Routineuntersuchungen heraus, daß er Krebs hatte. Bestrahlungen und die Entfernung eines Nierentumors konnten die Ausbreitung der Krankheit nur verlangsamen, nicht aber stoppen. Von Braun war nur noch eingeschränkt arbeitsfähig und mußte viele Termine absagen. Im Sommer 1975 unterzog er sich erneut einer Operation, bei der ein Dickdarmtumor entfernt wurde. Von diesem Eingriff hat er sich nicht mehr richtig erholt. Ende 1976 verschlechterte sich sein Zustand zusehends; er verließ Fairchild mit Wirkung vom 31. Dezember 1976 und verbrachte die letzten Monate seines Lebens überwiegend zu Hause, was für die ganze Familie eine ungewohnte Situation war. Auf dem Krankenbett überkamen ihn erstmals Zweifel am Sinn seines Tuns: *Es gibt so viel Elend in der Welt, das bekämpft werden muß. Haben wir wirklich das Richtige gemacht?* [237] Aber seine Freunde, die ihn in seinen letzten Lebensmonaten begleiteten, trösteten ihn mit den Argumenten, die er zeit seines Lebens vorgebracht hatte: «Dieses Geld ist nicht im Weltraum verschleudert worden; es ist alles hier auf der Erde ausgegeben worden!» [238]

Wernher von Braun erlitt das Schicksal, das auch seine Mutter ereilt hatte; er verlor den Kampf gegen den Krebs. Am 16. Juni 1977 starb er im Alter von 65 Jahren.

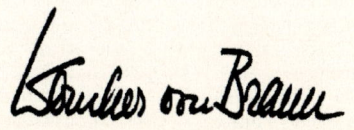

ANMERKUNGEN

1 Lunetta, in: Jürgen vom Scheidt (Hg.): Das Monster im Park. 18 Erzählungen aus der Welt von morgen von Wernher von Braun bis Arthur C. Clarke. München 1970, S. 8
2 Ebd., S. 9 f.
3 Ebd., S. 11
4 Vgl. Magnus Freiherr von Braun: Von Ostpreußen bis Texas. Erlebnisse und zeitgeschichtliche Betrachtungen eines Ostdeutschen. Stollham 1955
5 Zitiert in Ernst Stuhlinger, Frederick I. Ordway: Wernher von Braun. Aufbruch in den Weltraum. Die Biographie. Esslingen 1992, S. 41
6 Magnus von Braun sen., zitiert in Stuhlinger/Ordway, S. 40
7 (ohne Titel), in: Als wir noch Lausbuben waren. München 1966, S. 34
8 Die Datierung dieses Ereignisses bereitet – auch angesichts der widersprüchlichen Angaben in den unterschiedlichen Quellen – Probleme: Einerseits paßt derartiger Unfug eher zu einem Zwölf- bis Dreizehnjährigen als zu einem älteren Jugendlichen. Andererseits fanden die spektakulären Versuchsfahrten von Max Valier, die den jungen Wernher zu dem Experiment inspiriert haben, erst ab 1928 statt. Von Braun selbst datierte das Ereignis auf 1927, als er schrieb, er habe «als 15jähriger meine ersten Versuche mit einer Pulverrakete in einem Spielzeugauto gemacht» (in: «Berliner Morgenpost» 9. Januar 1963). Dies würde die Reihenfolge der Ereignisse völlig umkehren. Insofern stehen die folgenden Ausführungen unter dem Vorbehalt, daß sie mangels eindeutiger Quellen nicht mehr leisten können, als die Legende zu reproduzieren.
9 Space Man – the story of my life, in: «The American Weekly» July 20, 1958, S. 8
10 Zitiert in Stuhlinger/Ordway, S. 39
11 Space Man, S. 8
12 Emmy von Braun, zitiert in Stuhlinger/Ordway, S. 46
13 Zitiert in Bernd Ruland: Wernher von Braun. Mein Leben für die Raumfahrt. Offenburg 1969, S. 52
14 Zur Theorie der Fernrakete (Ms., ca. 1929), in: Deutsches Museum 00020, S. 1 f.
15 Erinnerungen an den Sommer 1930 (Ms., 1973), in: Deutsches Museum 00022, S. 3
16 Erik Bergaust: Wernher von Braun, ein unglaubliches Leben. Düsseldorf 1976, S. 62
17 Reminiscences of German Rocketry, in: «Journal of the British Interplanetary Society» 15 (1956), May-June, S. 128
18 Zitiert in Stuhlinger/Ordway, S. 50
19 Willy Ley: Count of Braun, in: Journal of the British Interplanetary Society 6 (1947), S. 155
20 Heinz Horeis: Rolf Engel. Raketenbauer der ersten Stunde. München 1992, S. 101
21 Das Geheimnis der Flüssigkeitsrakete, in: «Umschau» 36 (1932), S. 452
22 Vgl. Michael J. Neufeld: Die Rakete und das Reich. Wernher von Braun, Peenemünde und der Beginn des Raketenzeitalters. Berlin 1997, S. 18 ff.
23 Becker an Nebel, 23. 4. 1932, abgedruckt in Rudolf Nebel: Die Narren von Tegel. Ein Pionier der Raumfahrt erzählt. Düsseldorf 1972, S. 134 f.
24 Reminiscences, S. 129
25 Neufeld, S. 36
26 Reminiscences, S. 130
27 Walter Dornberger: Peenemünde. Die Geschichte der V-Waffen. Frankfurt a. M. 1994, S. 29
28 Space Man, S. 24
29 Rainer Eisfeld: Mondsüchtig. Wernher von Braun und die Geburt der Raumfahrt aus dem Geist der Barbarei. Reinbek 1996, S. 49
30 Ley, S. 155
31 Reminiscences, S. 130

32 Von Braun, Behind the Scenes of Rocket Development in Germany 1928 through 1945, zitiert in Neufeld, S. 37

33 Why I chose America, in: «American Magazine» July 1952, S. 15

34 Reminiscences, S. 131

35 Konstruktive, theoretische und experimentelle Beiträge zu dem Problem der Flüssigkeitsrakete, Dissertation 1934 (Friedrich-Wilhelms-Universität Berlin). «Raketentechnik und Raumfahrtforschung» Sonderheft 1 (1960), S. 36 f.

36 «Stellungnahme», 27. 6. 1935 (FE 746), zitiert in Neufeld, S. 64

37 Reminiscences, S. 133

38 Ebd., S. 134

39 Die einzige Ausnahme bildet die von Wernher von Braun «auf Richtigkeit der Tatbestände und Genauigkeit hin» (S. 608) überprüfte Biographie von Erik Bergaust, die den Eintritt in die NSDAP allerdings auf den Herbst 1942 verlegt (S. 40).

40 Dornberger, S. 59

41 Survey of Development of Liquid Rockets in Germany and their Future Prospects, in: «British Interplanetary Society Journal» 10 (1951), March, S. 76, vgl. Reminiscences, S. 136

42 Reminiscences, S. 133

43 Heinz Dieter Hölsken: Die V-Waffen. Entstehung – Propaganda – Kriegseinsatz. Stuttgart 1984, S. 18

44 Neufeld, S. 133

45 Dieter K. Huzel: Von Peenemünde nach Canaveral. Berlin 1994, S. 165 f.

46 Stuhlinger / Ordway, S. 359

47 Reminiscences, S. 139

48 Dornberger, S. 27

49 Eisfeld, S. 76

50 Ruland, S. 43

51 Zitiert ebd., S. 105

52 Dornberger, S. 80 f.

53 Zitiert in Ruland, S. 106

54 Ebd., S. 109

55 Neufeld, S. 144

56 Dornberger, S. 83

57 Zitiert in Ruland, S. 121

58 Ruland, S. 121

59 Dornberger, S. 81

60 Todt an Fromm, 30. 7. 1941 (NASM FE342), zitiert in Neufeld, S. 165

61 Aktennotiz über Hitlers Reaktion, zitiert in Hölsken, S. 29

62 Ebd.

63 Zitiert in Ruland, S. 139

64 Ruland, S. 108

65 Dornberger an HVP, 7. 11. 1941, in BA / MA, RH 8 / v.1260, zitiert in Neufeld, S. 190

66 Dornberger, S. 156 f.

67 Dornberger an Heeresanstalt Peenemünde 5. 2. 1942 (NASM, Peenemünde #2), zitiert in Neufeld, S. 193

68 Survey, S. 77

69 Prof. Hettlage (Rüstungsministerium) gegenüber Dornberger am 3. 2. 1943, zitiert in Dornberger, S. 96

70 Reminiscences, S. 140

71 Arthur Rudolph, Aktennotiz 16. 4. 1943 (BA RH 8 / v.1210), abgebildet in Eisfeld, S. 91 f.

72 Aktenvermerk vom 3. 6. 1943 (BA RH 8 / v.1210, S. 136), abgebildet in Eisfeld, S. 93

73 Eisfeld, S. 96

74 Why I chose, S. 112

75 Zitiert in Dornberger, S. 117

76 Dorette Kersten, Die Nacht vom 17. zum 18. August 1943 (Auszug aus Tagebuch), in: Deutsches Museum, LRD 4717

77 Ruland, S. 163

78 Reminiscences, S. 140

79 Albert Speer, Der Sklavenstaat. Meine Auseinandersetzungen mit der SS. Stuttgart 1981, S. 307

80 Organisation der Abschlußentwicklung A4 und seiner Bodeneinrichtungen, Karlshagen, 25. 4. 1944, in: Deutsches Museum 00019, S. 4, 9 und 10

81 Erlebnisbericht Adam Cabala, in: Angela Fiedermann, Torsten Heß, Markus Jaeger: Das Konzentrationslager Mittelbau Dora. Ein historischer Abriß. Berlin 1993, S. 100, vgl. auch Jean Michel: Dora. New York 1979

82 Why I chose, S. 111
83 Zitiert in Ruland, S. 236 und 237
84 Zitiert in Stuhlinger/Ordway, S. 9
85 Space Man, S. 24 f.
86 Zitiert in Ruland, S. 235 f.
87 Von Braun an Maurice Croizard (Mitherausgeber der «Paris Match»), 4. 4. 1966, zitiert in Stuhlinger/Ordway, S. 116
88 Zitiert in Ruland, S. 236
89 Von Braun an Maurice Croizard ..., zitiert in Stuhlinger/Ordway, S. 116
90 Vernehmungsprotokoll vom 7. 2. 1969, abgedruckt in Eisfeld, S. 121 f.
91 Zitiert in Ruland, S. 235
92 Arthur Rudolph, 13. 10. 1982 (Vernehmungsprotokoll), zitiert in Rainer Eisfeld: Die unmenschliche Fabrik. V 2-Produktion und KZ «Mittelbau-Dora», Erfurt 1993, S. 9
93 Eisfeld, Mondsüchtig, S. 107 und 104
94 Von Braun an Sawatzki, 15. 8. 1944 (NASM, FE694/a), abgedruckt in Eisfeld, Mondsüchtig, S. 135 f.
95 Reminiscences, S. 142
96 Neufeld, S. 317. Im Mittelwerk starben etwa 16 000 bis 20 000 Menschen; rund die Hälfte davon ging zu Lasten der A-4-Produktion.
97 Zitiert in Reminiscences, S. 142
98 Ebd., S. 143
99 Zitiert in The Seer of Space. Lifetime of rocket work gives Army's Von Braun special insight into future, in: «Life» Vol. 43, No. 21 (Nov. 18, 1957), S. 138
100 Zitiert in Ruland, S. 203
101 Volkhard Bode, Gerhard Kaiser: Raketenspuren. Peenemünde 1936–1996. Berlin 1996, S. 74
102 Why I chose, S. 111
103 The Acid Test, in: «Signal» March, 1958, S. 6
104 Zitiert in Ruland, S. 223
105 Dorette Kersten, zitiert in Stuhlinger/Ordway, S. 119
106 Zitiert in Ruland, S. 223
107 Zitiert in Stuhlinger/Ordway, S. 77
108 Stuhlinger/Ordway, S. 80 und 78

109 Reminiscences, S. 144
110 Zitiert in Ruland, S. 243 und 275
111 Stuhlinger/Ordway, S. 181
112 Zitiert in Ruland, S. 269
113 Survey, S. 80
114 Vgl. Neufeld 1997, S. 320–322
115 Zitiert in Ruland, S. 298
116 Ruland, S. 305 f.
117 Zitiert in Frederick I. Ordway III, Mitchell R. Sharpe: The Rocket Team. From the V-2 to the Saturn Moon Rocket. Cambridge, Mass. 1982, S. 347
118 Ray Spangenburg, Diane K. Moser: Wernher von Braun. Space Visionary and Rocket Engineer. New York 1995, S. 81
119 Stuhlinger/Ordway, S. 151
120 Ruland, S. 307
121 Ordway/Sharpe, S. 372
122 Ordway/Sharpe, S. 351
123 Jim Fagan, zitiert in Stuhlinger/Ordway, S. 152
124 Götz Briefs, zitiert in «Der Spiegel» 28. 12. 1995, S. 31
125 Zitiert in Ruland, S. 279
126 Ruland, S. 279
127 Walter Jessel, Special Screening Report, 12. Juni 1945, zitiert in Eisfeld, Mondsüchtig, S. 162
128 Eisfeld, Mondsüchtig, S. 164
129 Ruland, S. 277
130 Zitiert in Stuhlinger/Ordway, S. 158
131 Linda Hunt: U.S. Coverup of Nazi Scientists, in: «Bulletin of the Atomic Scientists» 41 (1985), S. 19
132 «Der Spiegel» 28. 12. 1955, S. 25
133 Zitiert in Ruland, S. 319
134 Stuhlinger/Ordway, S. 461
135 Key To Success in Guided Missiles, in: «Missiles and Rockets» Oct., 1956
136 Stuhlinger/Ordway, S. 236
137 Harro Zimmer: Das NASA-Protokoll. Erfolge und Niederlagen. Stuttgart 1997, S. 35
138 Key to Success, S. 41
139 Ordway/Sharpe, S. 366
140 Ebd., S. 363
141 «Der Spiegel» 22. 8. 1962, S. 57
142 The Redstone, Jupiter, and Juno, in: Eugene M. Emme (Hg.): The His-

tory of Rocket Technology. Essays on Research, Development, and Utility. Detroit 1963, S. 110

143 Stuhlinger/Ordway, S. 170

144 Ebd., S. 335

145 Space Superiority (as a Means for Achieving World Peace), in: «Ordnance» 37 (1953), March/April, S. 771

146 Ebd., S. 773 f.

147 Ebd., S. 774

148 Ebd., S. 775

149 «Der Spiegel» 28. 12. 1955, S. 24

150 The Seer of Space, S. 133 und «Der Spiegel» 28. 12. 1955, S. 34

151 Acid Test, S. 6

152 Space Superiority, S. 774

153 The Early Steps in the Realization of the Space Station, in: «Journal of the British Interplanetary Society» 12 (1953), Jan., S. 24

154 Wernher von Braun, Willy Ley, Fred L. Whipple: Die Eroberung des Mondes. Frankfurt a. M. 1954, S. 17

155 Zitiert in The Seer of Space, S. 136

156 Zitiert in Stuhlinger/Ordway, S. 173

157 «Der Spiegel» 28. 12. 1955, S. 24

158 Zitiert in Stuhlinger/Ordway, S. 256

159 Ebd., S. 205

160 Zitiert ebd., S. 204

161 Zitiert in «Der Spiegel» 28. 12. 1955, S. 33

162 Stuhlinger/Ordway, S. 414

163 Zitiert in Ruland, S. 321

164 Stuhlinger/Ordway, S. 414

165 Zitiert in Ruland, S. 11

166 Zitiert in Stuhlinger/Ordway, S. 363

167 Zitiert in Ordway/Sharpe, S. 369 f.

168 Wernher von Braun, Willy Ley: Die Eroberung des Weltraums. Frankfurt a. M. 1958, S. 15 f. und 56 (hier zitiert nach dem deutschen Reprint)

169 Ebd., S. 41, 18 und 67

170 Eisfeld, Mondsüchtig, S. 188

171 Die Eroberung des Weltraums, S. 49 und 98

172 Ebd., S. 51, vgl. auch Das Marsprojekt. Esslingen 1952

173 Zitiert in Ordway/Sharpe, S. 376

174 Zitiert in Stuhlinger/Ordway, S. 222

175 Walter A. McDougall: ... The Heavens and the Earth. A Political History of the Space Age. New York 1985, S. 108

176 Ebd., S. 110 und 108

177 Ebd., S. 131

178 Als Beispiel für die Von-Braun-Kritik von kommunistischer Seite siehe Julius Mader: Geheimnis von Huntsville. Die wahre Karriere des Raketenbarons Wernher von Braun. Berlin 1963.

179 Ordway/Sharpe, S. 376

180 Ruland, S. 347

181 The Redstone, S. 111

182 Ruland, S. 339

183 Zitiert in Stuhlinger/Ordway, S. 224

184 Vgl. Heinz-Hermann Koelle: Werden und Wirken eines deutsch-amerikanischen Raumfahrt-Professors. Berlin 1994

185 Key to Success, S. 41 f.

186 Ruland, S. 342

187 The Redstone, S. 111

188 Ordway/Sharpe, S. 378

189 Ruland, S. 345

190 The Redstone, S. 113 und 117

191 Ebd., S. 120

192 Dwight D. Eisenhower, Farewell Radio and Television Address to the American People, zitiert in McDougall, S. 229

193 John B. Medaris, Arthur Gordon: Die Zukunft wird heute entschieden. Raketen, Flugkörper und Satelliten. Köln 1961, S. 163

194 Ebd., S. 165

195 Zitiert in Ruland, S. 351

196 The Acid Test, S. 5 f.

197 Why should America conquer space?, in: «This Week Magazine» March 20, 1960, S. 10

198 Why should America, S. 10

199 Space Man, S. 8

200 The Meaning of Space Superiority

(Ms., ca. Nov./Dez. 1957), in: Deutsches Museum 00019, S. 2

201 Space Man, S. 8

202 Ansprache beim VI. Europäischen Luftfahrt-Kongreß am 2. September 1965 in München (Ms.), in: Deutsches Museum 00021, S. 5

203 Weltraumfahrt – eine Aufgabe für die internationale wissenschaftliche Zusammenarbeit, in: Heinz-Hermann Kölle (Hg.): Probleme der Astronautischen Grundlagenforschung. Vorträge gehalten anläßlich des III. Internationalen Astronautischen Kongresses in Stuttgart vom 1. bis 6. September 1952, Stuttgart-Zuffenhausen, S. 256, vgl. auch «Der Spiegel» 8. 2. 1971, S. 139

204 The Acid Test, S. 72

205 The Explorers, in: F. Hecht (Hg.), IXth International Astronautical Congress Proceedings, Amsterdam 1958, Vol. 2, Wien 1959, S. 931, vgl. auch: Raketen verlängern die dritte Dimension. Der Anfang der Raumfahrt (Auszüge aus dem Vortrag in der Frankfurter Paulskirche am 6. Sept. 1959), in: «Frankfurter Allgemeine Zeitung» 9. 9. 1959, S. 9

206 Weltraumfahrt, S. 255

207 Ähnliche Denkfiguren waren jedoch auch bei anderen zeitgenössischen Raketenforschern verbreitet, etwa bei Eugen Sänger, vgl. Johannes Weyer: Akteurstrategien und strukturelle Eigendynamiken. Raumfahrt in Westdeutschland 1945–1965. Göttingen 1993.

208 Why should America, S. 9

209 Ordway/Sharpe, S. 384

210 Zimmer, S. 47

211 John M. Logsdon: The Decision to Go to the Moon. Project Apollo and the National Interest. Cambridge, Mass. 1970, S. 52

212 Zitiert in Ruland, S. 356

213 Ordway/Sharpe, S. 389

214 McDougall, S. 201 f.

215 Zimmer, S. 62

216 Zitiert in Logsdon, Decision, S. 35

217 Der Schriftsteller Tom Wolfe hat dies in seinem Reportage-Roman «Die Helden der Nation» (The Right Stuff) eindrucksvoll beschrieben.

218 Zitiert in McDougall, S. 319 und Eisfeld, Mondsüchtig, S. 216

219 Johnson, zitiert in Zimmer, S. 67

220 Zitiert in Logsdon, Decision, S. 115

221 Zitiert in McDougall, S. 303, vgl. auch Logsdon, Decision, S. 2

222 Zitiert in Stuhlinger/Ordway, S. 311

223 Zitiert in Zimmer, S. 131

224 «Der Spiegel» 8. 2. 1971, S. 134

225 Zitiert in Stuhlinger/Ordway, S. 343 f.

226 Zitiert in Ruland, S. 366

227 Max Born: Von der Verantwortung des Naturwissenschaftlers. München 1965, S. 126

228 Vgl. Johannes Weyer (Hg.): Technische Visionen – politische Kompromisse. Geschichte und Perspektiven der deutschen Raumfahrt. Berlin 1993

229 The Next 20 Years of Interplanetary Exploration, in: «Astronautics and Aeronautics» Nov. 1965, S. 34

230 Ebd., S. 24

231 Ansprache beim VI. Europäischen Luftfahrt-Kongreß, S. 6, vgl. auch «Der Spiegel» 22. 9. 1965, S. 137

232 John M. Logsdon: The Space Shuttle Program: A Policy Failure?, in: «Science» 30 May 1986, S. 1099–1105

233 Norman Mailer: Auf dem Mond ein Feuer. München 1971, S. 91

234 Spangenburg/Moser, S. 111

235 Zitiert in Ordway/Sharpe, S. 403

236 Mitarbeiter von Brauns, zitiert in Stuhlinger/Ordway, S. 439 f.

237 Zitiert in Stuhlinger/Ordway, S. 474

238 Stuhlinger/Ordway, S. 475, vgl. von Braun, in: «Der Spiegel» 8. 2. 1971, S. 138

1912 *23. März* Wernher Magnus Maximilian von Braun in Wirsitz (Posen) geboren

1925–1930 Besuch des Hermann-Lietz-Internats in Weimar, später Spiekeroog

1930 Studium an der TH Berlin; Mitglied Verein für Raumschiffahrt; Zusammenarbeit mit Oberth; *27. September* Eröffnung des «Raketenflugplatz Berlin»

1931 Studium an der ETH Zürich

1932 *1. Dezember* Zivilangestellter der Reichswehr in Kummersdorf; Doktorand an der Universität Berlin

1933 *30. Januar* Adolf Hitler wird Reichskanzler

1934 *16. April* Fertigstellung der Dissertation; *19./20. Dezember* Start zweier A 2 («Max und Moritz»)

1935 *27. Juni* Beschluß zur Errichtung der Raketenforschungsanstalt in Peenemünde

1937 *15. Mai* Technischer Direktor des Werkes Ost der Versuchsstelle Peenemünde (später Heeresversuchsanstalt Peenemünde); *12. November* Antrag auf Aufnahme in die NSDAP; *4. Dezember* Fehlstarts der A 3

1938 *Oktober* Erfolgreiche Starts der A 5

1939 *Januar* Beginn der Arbeiten an der A 4; *1. September* Beginn des Zweiten Weltkriegs

1940 *1. Mai* Beitritt von Brauns zur SS

1941 *20. August* Besuch bei Hitler

1942 *18. März* Fehlstart der ersten A 4; *3. Oktober* A-4-Rakete fliegt 85 km hoch und 190 km weit; *22. November* Genehmigung der Massenproduktion durch Hitler

1943 *2. Juni* Anforderung von KZ-Häftlingen für Peenemünde; *8. Juli* Besuch bei Hitler;

17./18. August britischer Angriff auf Peenemünde; *Dezember* Beginn der Fertigung im Mittelwerk; Schießversuche in Polen

1944 *22. März* Inhaftierung durch die Gestapo; *7./8. September* Einsatz der A 4/V 2 gegen London und Paris

1945 *31. Januar* Evakuierung von Peenemünde; *4. April* Evakuierung des KZ Mittelbau-Dora; *2. Mai* Kapitulation des Raketenteams; *18. September* Abflug in die USA; *Oktober* Ankunft in Fort Bliss

1946 *16. April* Start einer V 2 in White Sands; *8. Dezember* Eintreffen der Familien

1947 *1. März* Hochzeit mit Maria von Quistorp in Landshut

1948 *9. Dezember* Geburt der Tochter Iris Careen

1949 Fingierte Einreise in die USA; Arbeit an der Mehrzweck-Startrakete für das Heereswaffenamt

1950 *1. April* Technischer Direktor der Development Operations Division des Redstone Arsenal in Huntsville, Alabama

1951 *12. Oktober* Symposium im Hayden-Planetarium in New York

1952 *22. März* Artikel-Serie im «Collier's Magazine»; *8. Mai* Geburt der Tochter Margrit Cecile

1953 *20. August* Start einer Redstone-Rakete

1954 Arbeit am Orbiter-Satellit; *4. Oktober* Wissenschaftler-Komitee schlägt Erdsatellit im Internationalen Geophysikalischen Jahr vor

1955 *9. März* Disney-Show «Der Mensch im Weltraum»; *15. April* Einbürgerung in die USA; *3. August* Entscheidung für die Vanguard-Rakete

1956 *1. Februar* Technischer Direktor der Development Operations Division der Army Ballistic Missile Agency (ABMA) in Huntsville; *20. September* Rekordflug der Jupiter C

1957 *4. Oktober* Sputnik-Start; *8. November* Auftrag zum Start eines Satelliten mit der Jupiter C

1958 *31. Januar* Start des Explorer-Satelliten; *8. Juli* Gründung der NASA; Auftrag zum Bau der Saturn; *26. November* Beginn des Mercury-Projekts

1959 *21. Oktober* Transfer zur NASA; Entscheidung für Mondlandung

1960 *2. Juni* Geburt des Sohnes Peter Constantine; *1. Juli* Umwandlung der ABMA zum George Marshall Space Flight Center (MSFC) der NASA

1961 *12. April* Flug von Juri Gagarin; *15.–19. April* Invasion in der Schweinebucht; *20. April* Auftrag Kennedys an Johnson zur Ausarbeitung eines Raumfahrtprogramms; *5. Mai* Flug von Alan Shepard; *25. Mai* Kennedy kündigt Mondlandung an; *27. Oktober* Erstflug der Saturn 1

1962 *20. Februar* Flug von John Glenn; *7. Juni* Beschluß für Mondorbit-Rendezvous-Manöver

1963 *8. Januar* Ehrendoktor der TU Berlin; *22. November* Attentat auf Kennedy

1965 *23. Mai* Erster Gemini-Flug; Gründung der «Amicale des Camps de Dora-Ellrich»

1966 *26. Februar* Erstflug der Saturn 1B

1967 *27. Januar* Tod von drei Astronauten; *9. November* Erstflug der Saturn 5

1968 *Dezember* Apollo 8 umrundet den Mond

1969 *20. Juli* Apollo 11 landet auf dem Mond

1970 *1. März* Deputy Associate Administrator for Planning der NASA in Washington, D.C.

1972 *5. Januar* Nixon entscheidet sich für den Shuttle; *1. Juli* Vizepräsident der Abteilung für Ingenieurwesen und Entwicklung bei der Firma Fairchild Ind.

1973 Behandlung eines Tumors

1975 Krankenhausaufenthalt

1976 *31. Dezember* Von Braun tritt in den Ruhestand

1977 *16. Juni* Tod Wernher von Brauns

Walter Dornberger

Dieser junge, hochgewachsene Student mit dem breiten, massigen Kinn war mir bei meinen unauffälligen Besuchen in Reinickendorf durch sein tatkräftiges, geschicktes Zupacken und durch sein erstaunliches theoretisches Wissen aufgefallen. Es schien mir, als ob er die Probleme besser erfaßte und als ob es ihm vor allem daran läge, die Schwierigkeiten klar herauszustellen. Darin unterschied er sich wohltuend von der Mehrzahl der auf dem «Raketenflugplatz» führenden Männer.
In: Peenemünde, Frankfurt a. M. 1994, S. 37

Rolf Engel

Wernher von Braun hielt sich bei politischen Diskussionen zurück. Derartige Fragen interessierten ihn nicht. Von Haus aus schwamm er im Fahrwasser seines Vaters, war also konservativ und deutsch-national eingestellt. Doch ging er mit seinen politischen Vorstellungen nicht hausieren; er sprach lieber über technische Probleme. Diese Haltung war bezeichnend für sein ganzes Leben.
In: Heinz Horeis, Rolf Engel, München 1992, S. 24

Albert Speer

Ich war gern in diesem Kreis unpolitischer junger Wissenschaftler und Erfinder, an deren Spitze, siebenundzwanzigjährig, der zielstrebige und auf realistische Weise in der Zukunft beheimatete Wernher v. Braun stand. [...] Auch auf mich wirkte, was hier im Jahre 1939 in ersten Anfängen skizziert wurde, seltsam faszinierend; es hatte etwas von der Planung eines Wunders. Diese Techniker mit ihren phantastischen Visionen, diese rechnenden Romantiker haben mich bei allen Peenemünder Besuchen immer wieder sehr beeindruckt, und ganz spontan fühlte ich mich ihnen in irgendeiner Weise verwandt.
In: Erinnerungen, Berlin 1969, S. 375f.

Michael J. Neufeld

Wernher von Braun [schloß] einen Pakt mit dem Teufel, um große Raketen bauen zu können. [...] Es gibt jedoch keinen Hinweis darauf, daß er jemals vor seiner Verhaftung seinen Kopf für die KZ-Häftlinge riskierte, und angesichts ihres Schicksals zeigte er auch bis in die sechziger und siebziger Jahre [...] keinerlei Gewissensbisse.
In: Die Rakete und das Reich, Berlin 1997, S. 331f.

Herbert F. York

Wernher hatte seit den Tagen seiner Jugend ein Auge auf die Sterne geworfen, und alles, was diesem Ziel förderlich war, war ihm recht und willkommen. [...] Einige Leute betrachten von Brauns unerschütterliche Hingabe zum großen Traum der Raumfahrt als heroisch und weitsichtig. Andere können über die grotesken Mittel und das prinzipienlose Verhalten nicht hinwegsehen, mit denen er seine Träume realisiert hat. Ich gehöre zu den letzteren [...].
In: Making Weapons, Talking Peace, New York 1987, S. 175

D. Brainerd Holmes

Ich denke, von Brauns Brief [an den Vizepräsidenten Johnson] hatte großen Einfluß auf die Entscheidung von Präsident Kennedy ... es gab da draußen niemanden, der wie von Braun war. Er war eine einmalige Persönlichkeit, und er war die treibende Kraft für die Entwicklung der Raumfahrt und für den Weg zum Mond.
Zitiert in: Stuhlinger/Ordway, Wernher von Braun, Esslingen 1992, S. 376

Dieter K. Huzel

Er hatte ein ausgezeichnetes Gedächtnis für technische Einzelheiten. Probleme faßte er mit leichter Hand an, war aber dabei immer realistisch. Ganz offensichtlich hatte er bedeutende diplomatische Fähigkeiten, die ihm ebenfalls zu Hilfe kamen, wenn er seine Ideen anbringen mußte. [...] In seiner Gegenwart hatten alle unbedingt das Gefühl, zum Team zu gehören.
In: Von Peenemünde nach Canaveral, Berlin 1995, S. 116

Tom Lehrer

«Once the rockets are up,
Who cares where they come down?
That's not my department»,
Says Wernher von Braun.
Zitiert in: Eisfeld, Mondsüchtig, Reinbek 1996, S. 234

Ray Spangenburg / Diane K. Moser

Aber er hätte vielleicht auch zwei weitere Fragen stellen müssen: Wie wägen wir unsere Verpflichtungen als menschliche Wesen gegenüber unserem Dienst für die Regierung oder das Land ab? Und wann haben wir die Pflicht, «Nein» zu sagen und gegen Verbrechen Stellung zu beziehen, die um uns herum geschehen?
In: Wernher von Braun, New York 1995, S. 120

Frank Winter

Einige Leute sehen von Braun als einen unpolitischen Visionär mit außergewöhnlichen Begabungen in der Ingenieurs- und der Organisationskunst, der die einzige sich bietende Gelegenheit ergriff, um den Bau von Weltraumraketen zielstrebig zu verwirklichen [...]. Andere vermuten jedoch, daß er sich bewußt dafür entschied, die moralischen Implikationen seines Tuns zu ignorieren, und die Konsequenzen einer Raketenentwicklung für die Armee sehr wohl kannte. Wir werden die Wahrheit wohl niemals herausfinden.
In: Rockets into Space, Cambridge, Mass. 1990, S. 39

BIBLIOGRAPHIE

1. Archive

Bundesarchiv Berlin-Zehlendorf
(ehem. Berlin Document Center)
Bundesarchiv/Militärarchiv Freiburg
Deutsches Museum München, Peene-
münde-Archiv
Historisch-Technisches Informa-
tionszentrum Peenemünde
KZ-Gedenkstätte Mittelbau Dora,
Nordhausen
National Air and Space Museum,
Washington, D.C.
Space and Rocket Center, Huntsville,
Alabama

2. Bibliographien

Sharpe, Mitchell R.: A Bibliography
of Wernher Von Braun. With Select-
ed Biographical Supplement
1930–1969 (NASA, o. J.)

3. Biographien

Bergaust, Erik: Wernher von Braun.
Ein unglaubliches Leben. Düsseldorf 1976
Gartmann, Heinz: Träumer, For-
scher, Konstrukteure. Das Abenteuer der Weltraumfahrt. Düsseldorf
1955
–: Wernher von Braun. Berlin 1959
Ruland, Bernd: Wernher von Braun.
Mein Leben für die Raumfahrt. Offenburg 1969
**Stuhlinger, Ernst, und Frederick I.
Ordway**: Wernher von Braun. Aufbruch in den Weltraum. Die Biographie. Esslingen 1992

4. Schriften Wernher von Brauns

4.1 Monographien

Konstruktive, theoretische und experimentelle Beiträge zu dem Problem der Flüssigkeitsrakete, Dissertation 1934 (Friedrich-Wilhelms-
Universität Berlin). Raketentechnik
und Raumfahrtforschung, Sonderheft 1 (1960). Stuttgart
Das Marsprojekt. Studie einer inter-
planetarischen Expedition. Frankfurt a. M. 1952 (Umschau-Verlag)
Erste Fahrt zum Mond. Frankfurt
a. M. 1960 (G. B. Fischer)
Bemannte Raumfahrt. Frankfurt a. M.
1968 (G. B. Fischer)

4.2 Sammelbände

**Wernher von Braun, Joseph
Kaplan, Heinz Haber, Willy Ley,
Oscar Schachter und Fred L.
Whipple**: *Station im Weltraum.*
Frankfurt a. M. 1953 (S. Fischer)
–, **Willy Ley und Fred L. Whipple**:
Die Eroberung des Mondes. Frankfurt
a. M. 1954 (S. Fischer)
–, **Willy Ley**: *Die Erforschung des
Mars.* Frankfurt a. M. 1957 (S. Fi-
scher)
–, **Willy Ley**: *Die Eroberung des Welt-
raums.* Frankfurt a. M. 1958 (S. Fi-
scher)
–, **Willy Ley**: *Start in den Weltraum.
Ein Buch über Raketen, Satelliten und
Raumfahrzeuge.* Frankfurt a. M.:
1958 (S. Fischer)
–, **Frederick I. Ordway**: *History of
Rocketry and Space Travel.* New York
1975 (Thomas Y. Crowell; Erstauf-
lage 1966)
–, **Frederick I. Ordway**: *Raketen. Vom
Feuerpfeil zum Raumtransporter.*
München 1979 (Pfriemer)

4.3. Aufsätze und Manuskripte

Zur Theorie der Fernrakete (Ms., ca. 1929), in: Deutsches Museum 00020

Lunetta, in: Jürgen vom Scheidt (Hg.): Das Monster im Park. 18 Erzählungen aus der Welt von morgen von Wernher von Braun bis Arthur C. Clarke. München 1970, S. 7–10

Das Geheimnis der Flüssigkeitsrakete, in: «Umschau» 36 (1932), S. 449–452

Organisation der Abschlußentwicklung A4 und seiner Bodeneinrichtungen (Ms.), Karlshagen, 25. 4. 1944, in: Deutsches Museum 00019

Survey of Development of Liquid Rockets in Germany and their Future Prospects, in: «British Interplanetary Society Journal» 10 (1951), March, S. 75–80

Weltraumfahrt – eine Aufgabe für die internationale wissenschaftliche Zusammenarbeit, in: Heinz-Hermann Kölle (Hg.): Probleme der Astronautischen Grundlagenforschung. Vorträge gehalten anläßlich des III. Internationalen Astronautischen Kongresses in Stuttgart vom 1. bis 6. September 1952, Stuttgart-Zuffenhausen, S. 246–256

Why I chose America, in: «American Magazine» July 1952, S. 15, 111–115

Space Superiority (as a Means for Achieving World Peace), in: «Ordnance» 37 (1953), March/April, S. 770–775

The Early Steps in the Realization of the Space Station, in: «Journal of the British Interplanetary Society» 12 (1953), Jan., S. 23–26

Key To Success in Guided Missiles, in: «Missiles and Rockets» Oct., 1956, S. 38–42

Reminiscences of German Rocketry, in: «Journal of the British Interplanetary Society» 15 (1956), May-June, S. 125–145

The Seer of Space. Lifetime of rocket work gives Army's Von Braun special insight into future, in: «Life» Vol. 43, No. 21 (Nov. 18, 1957), S. 133–139

The Meaning of Space Superiority (Ms., ca. Nov./Dez. 1957), in: Deutsches Museum 00019

From Small Beginnings, in: Kenneth Gatland (Hg.): Projekt Satellite. London 1958, S. 19–49

Space Man – the story of my life, in: «The American Weekly» July 20, 1958, S. 7–9, 22–25

The Acid Test, in: «Signal» March 1958, S. 5–6, 19, 72

Rundown on Jupiter C, in: «Astronautics» 3 (1958), Oct., S. 32–33, 80–84

Raketen verlängern die dritte Dimension. Der Anfang der Raumfahrt (Auszüge aus dem Vortrag in der Frankfurter Paulskirche am 6. Sept. 1959), in: «Frankfurter Allgemeine Zeitung» 9. 9. 1959, S. 9

The Explorers, in: F. Hecht (Hg.), IXth International Astronautical Congress Proceedings, Amsterdam 1958, Vol. 2, Wien 1959, S. 914–931

Why should America conquer space?, in: «This Week Magazine» March 20, 1960, S. 8–10

Aufgabe und Ziele amerikanischer Raumfahrtprojekte, in: Eugen Sänger (Hg.): Raumfahrt wohin? München 1962, S. 65–78

Einsatzaufgaben wissenschaftlicher, kommerzieller und bemannter Raumflugkörper, in: «Weltraumfahrt. Zeitschrift für Astronautik und Raketentechnik» 13 (1962), S. 129–134

Das Programm der Weltraumfahrt, in: Gunthar Lehner (Hg.): Griff nach den Sternen. Sinn und Möglichkeiten der Weltraumfahrt. München 1962, S. 5–25

Mondprogramm Apollo, in: «Flugwelt» 1963, S. 842–853

Motive der Weltraumfahrt, in: «Naturwissenschaft und Medizin» 1 (1964), H. 1, S. 3–14

The Redstone, Jupiter, and Juno, in: Eugene M. Emme (Hg.): The History of

Rocket Technology. Essays on Research, Development, and Utility. Detroit 1963, S. 107−121

Ansprache beim VI. Europäischen Luftfahrt-Kongreß am 2. September 1965 in München (Ms.), in: Deutsches Museum 00021

The Next 20 Years of Interplanetary Exploration, in: «Astronautics and Aeronautics» Nov. 1965, S. 24−34

(ohne Titel), in: Als wir noch Lausbuben waren, München 1966, S. 34−36

Has U.S. settled for No. 2 in Space? Interview with Wernher von Braun, in: «U.S. News & World Report» Oct. 14, 1968, S. 74−76 (deutsch in: «Der Spiegel» 28. 10. 1968, S. 206−212)

After Apollo, What?, in: «The Science Teacher» 37 (1969), Sept., S. 22−24

Das deutsche Raketenwesen, in: Arthur C. Clarke (Hg.), Wege in den Weltraum. Die Pioniere berichten, Düsseldorf 1969, S. 52−82

Erinnerungen an den Sommer 1930 (Ms., 1973), in: Deutsches Museum 00022

Now That Man has Reached the Moon, What Next? (1970), in: Frederick I. Ordway III / Randy Liebermann (eds.), Blueprint for Space. Science Fiction to Science Fact. Washington, D.C. 1992, S. 166−175

5. Erinnerungen von Zeitzeugen

Braun, Magnus Freiherr von: *Von Ostpreußen bis Texas. Erlebnisse und zeitgeschichtliche Betrachtungen eines Ostdeutschen.* Stollham 1955

Dornberger, Walter: *Peenemünde. Die Geschichte der V-Waffen.* Frankfurt a. M. 1994 (Erstauflage 1952)

Generales, Constantine D. J.: *Weltraum-Medizin*, in: Arthur C. Clarke (Hg.), *Wege in den Weltraum. Die Pioniere berichten.* Düsseldorf 1969, S. 214−226

Horeis, Heinz: *Rolf Engel − Raketenbauer der ersten Stunde.* München 1992

Huzel, Dieter K.: *Von Peenemünde nach Canaveral.* Berlin 1994 (Erstauflage 1962)

Koelle, Heinz-Hermann: *Werden und Wirken eines deutsch-amerikanischen Raumfahrt-Professors.* Berlin 1994

Ley, Willy: *Count von Braun*, in: «Journal of the British Interplanetary Society» 6 (1947), S. 154−156

Medaris, John B., und Arthur Gordon: *Die Zukunft wird heute entschieden. Raketen, Flugkörper und Satelliten.* Köln 1961

Michel, Jean: *Dora.* New York 1979

Nebel, Rudolf: *Die Narren von Tegel. Ein Pionier der Raumfahrt erzählt.* Düsseldorf 1972

Speer, Albert: *Erinnerungen.* Berlin 1969

−: *Der Sklavenstaat. Meine Auseinandersetzungen mit der SS.* Stuttgart 1981

York, Herbert F.: *Making Weapons, Talking Peace. A Physicist's Odyssey from Hiroshima to Geneva.* New York 1987

6. Schriften zur Geschichte der Raketenforschung

Bode, Volkhard, und Gerhard Kaiser: *Raketenspuren. Peenemünde 1936−1996.* Berlin 1996

Bornemann, Manfred: *Geheimprojekt Mittelbau. Die Geschichte der deutschen V-Waffenwerke.* München 1971

Büdeler, Werner: *Geschichte der Raumfahrt.* Künzelsau 1979

Eisfeld, Rainer: *Die unmenschliche Fabrik. V 2-Produktion und KZ «Mittelbau-Dora».* Erfurt 1993

−: *Mondsüchtig. Wernher von Braun und die Geburt der Raumfahrt aus dem Geist der Barbarei.* Reinbek 1996

Fiedermann, Angela, Torsten Heß und Markus Jaeger: *Das Konzentra-*

tionslager Mittelbau Dora. Ein historischer Abriß. Berlin 1993

Hölsken, Heinz Dieter: *Die V-Waffen. Entstehung – Propaganda –
Kriegseinsatz.* Stuttgart 1984

Hunt, Linda: *U.S. Coverup of Nazi
Scientists*, in: Bulletin of the Atomic
Scientists 41 (1985), S. 16–24

Logsdon, John M.: *The Decision to Go
to the Moon. Project Apollo and the National Interest.* Cambridge, Mass.
1970

–: *The Space Shuttle Program: A Policy
Failure?*, in: Science 30 May 1986,
S. 1099–1105

Mader, Julius: *Geheimnis von Huntsville. Die wahre Karriere des Raketenbarons Wernher von Braun.* Berlin
1963

McDougall, Walter A.: ... *The Heavens and the Earth. A Political History
of the Space Age.* New York 1985

Neufeld, Michael J.: *Die Rakete und
das Reich. Wernher von Braun, Peenemünde und der Beginn des Raketenzeitalters.* Berlin 1997

Oberth, Hermann: *Die Rakete zu den
Planetenräumen.* München 1923

**Ordway III, Frederick I., und Mit-
chell R. Sharpe**: *The Rocket Team.
From the V-2 to the Saturn Moon
Rocket.* Cambridge, Mass. 1982

Piszkiewicz, Dennis: *The Nazi Rocke-
teers: Dreams of Space and Crimes of
War.* Westport 1995

**Spangenburg, Ray, und Diane K.
Moser**: *Wernher von Braun. Space
Visionary and Rocket Engineer.* New
York 1995

Trischler, Helmuth: *Luft- und Raumfahrtforschung in Deutschland
1900–1970. Politische Geschichte
einer Wissenschaft.* Frankfurt a. M.
1992

Weyer, Johannes: *Akteurstrategien
und strukturelle Eigendynamiken.
Raumfahrt in Westdeutschland
1945–1965.* Göttingen 1993

– (Hg.): *Technische Visionen – politische
Kompromisse. Geschichte und Perspektiven der deutschen Raumfahrt.* Berlin
1993

Winter, Frank A.: *Prelude to the Space
Age. The Rocket Societies: 1924–1940.*
Washington 1983

–: *Rockets into Space.* Cambridge,
Mass. 1990

Zimmer, Harro: *Das NASA-Protokoll.
Erfolge und Niederlagen.* Stuttgart
1997

7. Romane, Reportagen

Anders, Günter: *Der Blick vom Mond.
Reflexionen über Weltraumflüge.*
München 1970

Mailer, Norman: *Auf dem Mond ein
Feuer.* München 1971 (engl.: Of a
Fire on the Moon, 1971)

Michener, James A.: *Sternenjäger.*
München 1983 (engl.: Space, 1982)

Pynchon, Thomas: *Die Enden der Pa-
rabel.* Reinbek 1989 (engl.: Gravity's
Rainbow, 1973)

Wolfe, Tom: *Die Helden der Nation.*
München 1996 (engl.: The Right
Stuff, 1979)

Namenregister

Über den Autor

Dr. Johannes Weyer, geb. 1956 in Idar-Oberstein, ist seit 1984, unterbrochen durch Lehrstuhlvertretungen in Bamberg und Dortmund, als Soziologe mit dem Schwerpunkt Technik- und Innovationsforschung an der Universität Bielefeld tätig. Zahlreiche Veröffentlichungen zur Techniksoziologie, Technikfolgenabschätzung und Raumfahrtpolitik. Bücher u. a.: «Technik, die Gesellschaft schafft. Soziale Netzwerke als Ort der Technikgenese» (zusammen mit Ulrich Kirchner, Lars Riedl und Johannes F. K. Schmidt, Berlin 1997); «Akteurstrategien und strukturelle Eigendynamiken. Raumfahrt in Westdeutschland 1945–1965» (Göttingen 1993); «Theorien und Praktiken der Technikfolgenabschätzung» (Hg., München 1994); «Technische Visionen – politische Kompromisse. Geschichte und Perspektiven der deutschen Raumfahrt» (Hg., Berlin 1993).

Danksagung

Das vorliegende Buch hat sehr von den akribischen historischen Recherchen profitiert, die Michael Neufeld und Rainer Eisfeld durchgeführt haben. Beide haben mir wertvolle Tips gegeben und Materialien zur Verfügung gestellt, wofür Ihnen an dieser Stelle gedankt sei.
Wichtige Hinweise verdanke ich zudem Heinz-Hermann Koelle, Jürgen Scheffran, Helmuth Trischler, Peter Weingart, Susanne Ziegler und Harro Zimmer.